ଚିକ୍ ଚିକ୍ ପଂଝାସବୁ

ଚିକ୍ ଚିକ୍ ପଂଝାସବୁ

ମୂଳ ତାମିଲ

ଏଝିଲ ବେନ୍ଧାନା

ଅନୁସୃଜନ:

ସଂଘମିତ୍ରା ରାଏଗୁରୁ

ବ୍ଲାକ୍ ଈଗଲ୍ ବୁକ୍ସ
ଭୁବନେଶ୍ୱର, ଓଡ଼ିଶା

BLACK EAGLE BOOKS
Dublin, USA

ଚିକ୍ ଚିକ୍ ପଂଝାସବୁ / ଏଝିଲ ବେନ୍ଧାନ

ଅନୁସୃଜନ: **ସଂଘମିତ୍ରା ରାଏଗୁରୁ**

ବ୍ଲାକ୍ ଇଗଲ୍ ବୁକ୍ସ : ଭୁବନେଶ୍ୱର, ଓଡ଼ିଶା • ଡବ୍‌ଲିନ୍, ଯୁକ୍ତରାଷ୍ଟ୍ର ଆମେରିକା

BLACK EAGLE BOOKS

USA address:
7464 Wisdom Lane
Dublin, OH 43016

India address:
E/312, Trident Galaxy, Kalinga Nagar,
Bhubaneswar-751003, Odisha, India

E-mail: info@blackeaglebooks.org
Website: www.blackeaglebooks.org

First International Edition Published by
BLACK EAGLE BOOKS, 2023

CHIK CHIK PANJHA SABU
BY EZHIL VENDHAN
Translated by **Sanghamitra Raiguru**
Cell: 8839570663

Original Copyright © **Ezhil Vendhan**
Translation Copyright © **Sanghamitra Raiguru**

All rights reserved. No part of this publication may be reproduced, stored in a retrieval system, or transmitted, in any form or by any means, electronic, mechanical, photocopying, recording or otherwise without the prior permission of the publisher.

Cover & Interior Design: Ezy's Publication

ISBN- 978-1-64560-490-7 (Paperback)

Printed in the United States of America

କବି ଏଝିଲ ବେନ୍ଧାନାଙ୍କ 'ଚିକ୍ ଚିକ୍ ପଂଝାସବୁ'

କବି ଏଝିଲ ବେନ୍ଧାନାଙ୍କୁ ମୁଁ ଅନେକ ଦିନରୁ ଜାଣେ। ବର୍ଷ ବର୍ଷ ଧରି ସେ ନିଜର କାବ୍ୟିକ କୃତୀ ସବୁଙ୍କୁ ନିୟମିତତା ସହ ପ୍ରକାଶ କରନ୍ତି ଅନେକ ସଂକଳନରେ, ଅନେକ ସମ୍ପାଦିତ ସଂକଳନରେ, ଫେସ୍‌ବୁକ୍‌ରେ, ସାଇବର ସ୍ପେସ୍‌ରେ, ଭାରତ ବାହାରେ ବିଭିନ୍ନ ସାହିତ୍ୟିକ ଅନୁଷ୍ଠାନଙ୍କ ପତ୍ରପତ୍ରିକାରେ ଓ ଅନୁବାଦ ମାଧମରେ। ମୁଖ୍ୟତଃ ସେ ଇଂରାଜୀରେ ଲେଖନ୍ତି। ତାଙ୍କର ଏଇ ଇଂରାଜୀ ସଂକଳନ LUMINOUS TENTACLES ୨୦୧୮ରେ AUTHORS PRESS ଦ୍ୱାରା ପ୍ରକାଶିତ। ମୂଳ ଇଂରାଜୀ କବିତା ଗ୍ରନ୍ଥରେ ଇଟାଲୀର ପାବ୍ଲୋ ନେରୁଦା ସାଂସ୍କୃତିକ ସଂଘର ସାହିତ୍ୟ ବିଭାଗ ସଂଯୋଜିକା DR AMRIA A. MIRAGLIA ଓ ବିଶ୍ୱ କବି ସଂଗଠନ, ପଞ୍ଜାବର ଡଃ ଜର୍ନେଲ ସିଂହ ଆନନ୍ଦ ଚମତ୍କାର ମୁଖବନ୍ଧ ଓ କବି ଦର୍ପଣ ସଂସ୍ଥାପନା ଲେଖିଥାନ୍ତି। ଏବେ କବି ଏଝିଲ ନିଜ କବିତା ଗ୍ରନ୍ଥକୁ ବହୁ ଭାରତୀୟ ଓ ଅର୍ନ୍ତଜାତୀୟ ଭାଷାରେ ଅନୁଦିତ କରିବା ପାଇଁ ଆଗ୍ରହୀ ଓ ଚେଷ୍ଟାରତ। ଅନେକ ଭାଷାରେ ଅନୁବାଦ ହୋଇ ସାରିଲାଣି ମଧ୍ୟ।

ଏହି ଗ୍ରନ୍ଥକୁ ଓଡ଼ିଆଭାଷାରେ ଅନୁବାଦ କରନ୍ତି କବି ଶ୍ରୀମତୀ ସଂଘମିତ୍ରା ରାଏଗୁରୁ। 'ଚିକ୍‌ଚିକ୍ ପଂଝାସବୁ'। କବି ଏଝିଲଙ୍କ ଭାଷା, ଭାବପ୍ରକାଶ ଓ କାବ୍ୟ ସଂଯୋଜନାକୁ ସଂରକ୍ଷିତ କରି ଲାଳିତ୍ୟ ଓ ଲାବଣ୍ୟ ଦେଇ ସଂଘମିତ୍ରା ଦେବୀ ଖଟଗଓଘଙଟଝ ଝରଘଞଇଉଖରଝ କୁ ଆମ ପାଖକୁ ଆଣନ୍ତି। ମୁଁ ନିଶ୍ଚିତ ଯେ ଓଡ଼ିଆ ପାଠକପାଠିକାମାନେ ଏଝିଲଙ୍କ 'ଚିକ୍‌ଚିକ୍ ପଂଝାସବୁ'କୁ ଗ୍ରହଣ କରିବେ ଏଇ ସଫଳ ଅନୁବାଦର ମଧୁର ପ୍ରକ୍ରିୟା ଦେଇ। କବି ଓ ଅନୁବାଦିକାଙ୍କୁ ମୋର ଅଭିନନ୍ଦନ।

୪୭ଟି କବିତାରେ LUMINOUS TENTACLESର କବିତା ବିଶ୍ୱ। ଏଝିଲ

ନିଜ କବିତାରେ ଜୀବନଦର୍ଶନ, ସାମାଜିକ ଇତିହାସର ଆନ୍ଦୋଳିତ କାରଣ ଖୋଜା, ନିଜର ବ୍ୟକ୍ତିଗତ ଇତିହାସ, ସମ୍ପର୍କ ଓ ଜୀବନଯାପନର ଭିନ୍ନ ଭିନ୍ନ ଅଧ୍ୟାୟର ସଂଜ୍ଞା ପଠନ ଓ କବିଙ୍କୁ ମୁଗ୍ଧ କରିଥିବା ବ୍ୟକ୍ତି ଓ ଘଟଣାଙ୍କୁ ଭାଷାର ଆବେଗ ଓ ଆଲିଙ୍ଗନରେ ପ୍ରକାଶ କରିବା ଇତ୍ୟାଦିକୁ ଏକ୍‌ଜୁଟ୍ କରନ୍ତି। ଯେମିତି କୁହନ୍ତି "ମୋତେ ଥର ପୂରାପୂରା ପଢ଼ ମୋ ପାଖେ କ'ଣ ବା ଅଛି ହଁ... କେବଳ ସତ୍ୟଟି"। କବିତା ଏଝିଲଙ୍କ ପାଇଁ 'ପ୍ରତିଫଳିତ ଜ୍ୟୋତିଷି ଗଣନା ନୁହଁ (କବିତା)।'

ଆଶା ବି ଅଛି, ମଣିଷର, କବିର, ପୃଥିବୀର, ସମାଜର ଓ ଜୀବନର ଆଗାମୀ ପାଇଁ ପ୍ରତିଟି କବିତାରେ। ପାଖାପାଖି ଅଛି କୃତ୍ରିମ ସାମାଜିକ ପ୍ରକ୍ରିୟାକୁ ନିନ୍ଦା କରିବାର ଭାଷା, ନିଜର ଯନ୍ତ୍ରଣା, ବିଫଳତା ଓ ବିଷାଦୀୟତାକୁ ସହଜ କରି ନିଜକୁ ବୁଝିବା ପାଇଁ ଚେଷ୍ଟା କରୁଥିବାର ଚମତ୍କାର କବିତା ସବୁ। 'ସେଣ୍ଟ୍ ମଦର ଟେରେସା' କବିତା ହଉ, ବା ହଉ କବିତା 'କାଶ୍ମୀର' ବା 'ଏଡସ୍' ଉପରେ, କବି ଏଝିଲ ନିଜ କବିତାକୁ ସହଜ ଓ ସରଳ କରନ୍ତି ସଫଳତାର ସହ ଆମ ପାଖକୁ ଆଣି। "ପାଦଚିହ୍ନ ଉପରେ ପାଦଚିହ୍ନ / ଅଲଗା ଅଲଗା / ରାସ୍ତା ଓ ଗନ୍ତବ୍ୟ ସ୍ଥଳ" (ହାଇକୁ)। କବିର ସୁର, ଆନନ୍ଦ ଓ ଆବେଗ ସହ ଦୁଃଖ ଓ ଯନ୍ତ୍ରଣାକୁ ଶବଦର ପଦଯାତ୍ରାରେ ନେଇ ପାଠକ ପାଖକୁ ଆଣିବା ଏକ ଐତିହାସିକ ପ୍ରକ୍ରିୟା। ଏଝିଲ କୁହନ୍ତି "ମୃତ୍ୟୁ କୋଳରେ ଶୋଇ / ମୋ ଆଖି ବନ୍ଦ କରି ମୋର ଶେଷ ନିଶ୍ୱାସ ସହିତ / କ'ଣ ତୁମେ ଆଣିବାକୁ ଯାଉଛ କି / ଫୁଲଗୁଚ୍ଛା ଓ ଫୁଲମାଳ!!" (ଜୀବନ୍ତ ମୁହୂର୍ତ୍ତ)

ଏଝିଲଙ୍କ ବିଷୟବସ୍ତୁ ଖୋଜିବାର ବ୍ୟାପକତା ଅଛି। ନିଜ କବିତାକୁ ସଫଳ ଭାବେ ପାଠକ ପାଖରେ ପହଞ୍ଚେଇବାର ବିପୁଳ ଉଦ୍ୟମ ଅଛି। ଆସନ୍ତୁ ସଂଘମିତ୍ରା ଦେବୀଙ୍କ ଅନୁଦିତ 'ଚିକ୍‌ଚିକ୍ ପଂଝାସବୁ'ରେ ଏଝିଲଙ୍କ କିଛି ମନମୁଗ୍ଧକର କବିତାଂଶ ଦେଖିବା:

"ଜ୍ୱଳନ୍ତ କାଳି ଧରି / ମୋ କଲମ ଗୋଟେ ବନ୍ଧୁକ / କୌଣସି
ବ୍ୟକ୍ତି ବିଶେଷକୁ ଲକ୍ଷ୍ୟ ନାହିଁ ତାର / କିନ୍ତୁ, ହଁ / ପରିସ୍ଥିତିର
ସେ କରେ ସୂକ୍ଷ୍ମ ଅନୁଧ୍ୟାନ" (ମୋ କବିତା)

ବା

"ତାରାଙ୍କ ଅଳଂକାର ପିଂଧି / ତୁମେ ପହଁରୁଥାଅ ଆକାଶରେ /
/ ତୁମ କଥା କାହାକୁ ଶୁଭେନା / ତୁମେ ତ କହୁଥାଅ
ଅଂତରୀକ୍ଷୀୟ ଶବ୍ଦରେ।" (ପ୍ରିୟ ଜହ୍ନ)

ଛୋଟିଆ ସଂକଳନଟିଏ ହୋଇପାରେ। କିନ୍ତୁ କବି ଏଝିଲ ନାରୀ ଅଧିକାର, ପ୍ରକୃତିକୁ ରକ୍ଷା କରିବା, ଏଡ୍‌ସ ଭଳି ମାରାତ୍ମକ ବ୍ୟାଧି ଉପରେ ସଚେତନତା ଜାଗରଣ କରିବା।

ବିଶ୍ୱଶାନ୍ତି ପାଇଁ ଏକାଠି ହବାର ଧ୍ୱନି ଜଗାଇବା ଇତ୍ୟାଦି ଇତ୍ୟାଦିର ସମକାଳୀନ ଚିନ୍ତାଧାରା ଓ ଭାବ ପ୍ରବାହକୁ ନିଜ କବିତା ସଂଗ୍ରହରେ ଚମତ୍କାର ଶବଦ ସଂଯୋଜନାରେ ଆଣନ୍ତି। ସେ ଲେଖନ୍ତି "ଏକତା ପାଇଁ / ମାନବବାଦ ପାଇଁ / ଶବ୍ଦ ଏକ ସ୍ୱଚ୍ଛ ପ୍ରତିଧ୍ୱନି / ଅସୁର ବିଳାପ କରିବେ/ ଯୁଦ୍ଧ ବ୍ରିକେତା ପଳେଇଯିବେ / ଉଜୁଡ଼ିଯିବ ଯୁଦ୍ଧକ୍ଷେତ୍ର।" (ବିଶ୍ୱଶାନ୍ତି)

ସଂଘମିତ୍ରାଙ୍କ ଅନୁବାଦ ସହଜ, ସରଳ ଓ ସାବଲୀଳ। ତାଙ୍କ ଅନୁବାଦର ସଫଳତା ଦେଖିହବ 'ବରଗଛ' କବିତାରେ "କିଛି ପକ୍ଷୀ / ମୋ ଇଲାକାର ପକ୍ଷୀଂକୁ / ପ୍ରଶଂସା ଆଳରେ / ପ୍ରଲୋଭନ ଦେଖାଂତି / ଚାଲ ଅନ୍ୟ ଗଛର ଉଚ୍ଚ ଶାଖାରେ ବସିବା ବିଳାସ ହେବ" ବା 'ନଦୀ' କବିତାରେ "ଯେବେ ପୃଥିବୀ ମା ଗର୍ଭବତୀ ହେଲା / ସମଗ୍ର ଜୀବନର ଜନ୍ମଦାତ୍ରୀ ହେଲା / ମୁଁ ସ୍ତନ୍ୟ ହୋଇ ଜୀବଜଗତରେ ଶିରାପ୍ରଶିରାରେ ପ୍ରବାହିତ ହେଲି"।

ଏଝିଲଙ୍କ କବିତା ଆମ ସମୟର ଦର୍ଶନ ଓ ଜୀବନଯାପନର ସାମାଜିକ ନିୟମିତତାକୁ କାବ୍ୟିକ ସୁର ଦେଇ ଆମ ପାଖକୁ ଆଣିବାର ସୁଗମ ପ୍ରକ୍ରିୟା। କବିତା 'ଜଣେ ମହିଳା ଜନ୍ମହେବା', 'ପରିଚୟ', 'ନିଆଁ ଧାସରେ ଫୁଲ', ଯଦି ମୋର ଉଡ଼ିବାକୁ ଡେଣା ଥାନ୍ତା ମତେ ମୁଗ୍‌ଧ କରେ ଭାଷା ଓ ବିଷୟବସ୍ତୁ ସଂଯୋଜନାରେ। ଏଝିଲଙ୍କ ସଂକଳନର ଓଡ଼ିଆ ଅନୁବାଦ ପାଠକପାଠିକାମାନଙ୍କୁ ମୁଗ୍‌ଧ କରିବ, ଏଥିରେ ମୋର ସନ୍ଦେହ ନାଇଁ। ଅଭିନନ୍ଦନ ଅନୁବାଦିକା ସଂଘମିତ୍ରାଙ୍କ କଲମକୁ।

ଅମରେନ୍ଦ୍ର ଖଟୁଆ

ନୂଆଦିଲ୍ଲୀ
ଜୁଲାଇ, ୨୦୨୩

କବି ଏଝିଲ୍ ବେନ୍ଧାନା

କବିତା ହୃଦୟର ନିବିଡ଼ ସ୍ପନ୍ଦନରୁ ନିଃସୃତ । ଏହି କବିତାରେ ପ୍ରସ୍ଫୁଟିତ ଅନ୍ତର୍ମନର ଉଚ୍ଚାରଣ ଆକର୍ଷଣୀୟ । କବିତା 'ଚିଠି' ଅକ୍ଷର ଓ ଆତ୍ମାକୁ ଏକାକାର କରେ ।

ମିଠା ଗୀତ... ପ୍ରେରକ ଏବଂ 'ଅକ୍ଷର'ର ପ୍ରାପ୍ତକର୍ତ୍ତା ଉଭୟ ଭାବନା ଦ୍ୱାରା ପ୍ରଭାବିତ ହୁଅନ୍ତି ।

'ନଦୀ'ର ପ୍ରଥମ ଧାଡ଼ି ପ୍ରକୃତି ଦ୍ୱାରା ଲିଖିତ ଜଳର କବିତାକୁ ବୁଝାଏ । ଏହା ମାଧ୍ୟମରେ କବି 'ଏଝିଲ୍ ବେନ୍ଧାନା' ଭାଷା ଏବଂ ଉପଭାଷାର ଅତ୍ୟାବଶ୍ୟକ ଆବଶ୍ୟକତାକୁ ବ୍ୟାଖ୍ୟା କରେ ।

କଲିକତାର 'ଗଙ୍ଗା' ଉପରେ ମୋର ଗୋଟିଏ କବିତା (ଯାହା ସର୍ଭାଭାସ୍ କାଭି ସାମମେଲାନରେ ଏକ ପୁରସ୍କାର ଜିତିଥିଲା) । 'ମାତା ଗଙ୍ଗା' ଭାବରେ ଭାଷା ଏବଂ ଉପଭାଷାର ଏକ ମଧୁର ମିଶ୍ରଣ ମଧ୍ୟ ଥିଲା, ସେହି ନଦୀ ବହୁ ଅପରିଷ୍କାରତା, ଅବହେଳାକୁ ସହ୍ୟ କରେ, କିନ୍ତୁ ଯେତେବେଳେ ଏହା ଅସହ୍ୟ ହୋଇଯାଏ, ସେତେବେଳେ ଏହା ଜଳକୁ ଜାଳିଦିଏ କାରଣ ଅଗ୍ନି ମନୁଷ୍ୟକୁ ମାରିପାରେ ।

'ବାନିଆନ୍ ଗଛ' ପ୍ରକୃତିର ଈଶ୍ୱରୀୟ ରୂପକୁ ଚିହ୍ନଟ କରେ ଏହି ବିଶାଳ ଗଛଟି 'ଭଗବାନଙ୍କ ପରି' ପରି ମନେହୁଏ ।

'ମୋ ଲାଗି କୌଣସି ଟ୍ୟାଗ୍ ନାହିଁ' କବିତାରେ ମଧ୍ୟ ପ୍ରେମର ତୀବ୍ରତା ଦ୍ୱାରା ପ୍ରେମ ଏକାତ୍ମ ହୋଇପାରିବ କବି ବେନ୍ଧାନା ଏହି ମନ୍ତ୍ରଟି ଶୁଣେଇଛନ୍ତି । 'ମୋ କବିତା' କବି ହୃଦୟର ଅନ୍ୟତମ ଅଭିବ୍ୟକ୍ତି ଯେଉଁଥିରେ କବିସତ୍ତା କବିତା ମାଧ୍ୟମରେ ପରିବର୍ତ୍ତନର ମହାନ ଆସ୍ପର୍ଦ୍ଧା ରଖେ ।

ଏହି କବିତାଗୁଡ଼ିକ ବିଶ୍ଳେଷଣ ଏବଂ କରୁଣା ସହିତ କବିଙ୍କ ପଏଣ୍ଟ-ପଏଣ୍ଟ ଚିନ୍ତାଧାରାର ସଂଗ୍ରହ । କବିଙ୍କ ଆଭ୍ୟନ୍ତରୀଣ ପ୍ରେମ ହିଁ ରଚନାଗୁଡ଼ିକୁ ଏତେ ଗତିଶୀଳ ଏବଂ ଜୀବନ୍ତ କରିଥାଏ ।

ପ୍ରଫେସର ପ୍ରତିଭା ଶତପଥୀ

କବି ଏବଂ ଆଲୋଚିକା

ଦୂରଭାଷ- ୯୪୩୮୩୦୫୨୨୪

ଚିକ୍ ଚିକ୍ ପଂଝାସବୁର ରାସ୍ତାରେ

କବି ଏଝିଲ୍ ବେନ୍ଧାନଙ୍କ LUMINOUS TENTACLES ମୋ ପାଖରେ କେମିତି ପହଞ୍ଚିଲା, ତାହା ଏକ କାହାଣୀ। କୌଣସି ଏକ ଅନୁବାଦ ପ୍ରୋଜେକ୍ଟକୁ ନେଇ ମୁଁ ଚିହ୍ନି ନଥିବା ଏଝିଲ୍ ବେନ୍ଧାନଙ୍କ ମେସେଜ୍ ମୋ ପାଖକୁ ଆସେ ଓ ପରେ ସେ ତାଙ୍କ କବିତା ବହିର ଅନୁବାଦ ଦାୟିତ୍ୱ ମୋତେ ଦିଅନ୍ତି। ତେବେ ଅନୁବାଦ ଏକ ଗହନ ବ୍ୟାପାର। ଅନୁବାଦ କେବଳ ଅନୁବାଦ ନୁହେଁ, ଏହା ଅନୁସୃଜନ। ହାରାହାରି ବର୍ଷେ ସମୟ ନେଇ ୪୭ଟି କବିତାକୁ ଅନୁସୃଜନ କଲାବେଳେ ମୁଁ କବିଙ୍କୁ ପଢ଼ିବା ସହ ନିଜକୁ, ସମାଜକୁ, ସମାଜରେ ବିଛାଡ଼ି ହୋଇ ପଡିଥିବା ଅନ୍ଧକାର ମାନଙ୍କୁ ଭେଟିଛି, ଭୋଗିଛି ଓ ରୂପ ଦେଇଛି। କବି ଏଝିଲ୍ ବେନ୍ଧାନ ଇଂରାଜୀ ସାହିତ୍ୟ ଜଗତରେ ଏକ ପରିଚିତ ନାମ। ଅନେକ ସଂକଳନ ଛଡ଼ା ତାଙ୍କ କବିତା ସୋସିଆଲ୍ ମିଡିଆରେ ନିୟମିତ ପ୍ରକାଶ ପାଇବାର ନଜିର୍ ଅଛି। ଏହା ବ୍ୟତୀତ ତାଙ୍କ ସୃଷ୍ଟିମାନ ବିଭିନ୍ନ ଭାରତୀୟ ଭାଷାରେ ଅନୁଦିତ ହୋଇ ପାଠକମାନଙ୍କ ପାଖରେ ପହଞ୍ଚିବାର ସୌଭାଗ୍ୟ ପାଇଛି ମଧ୍ୟ।

ତେବେ LUMINOUS TENTACLES କୁ ଚିକ୍ 'ଚିକ୍ ପଂଝାସବୁ' କଲାବେଳେ ଅନେକ ଥର ଅନେକ ସ୍ଥାନରେ ଝୁଣ୍ଟିଛି, କବିଙ୍କ ସାହାଯ୍ୟ ନେଇଛି ଓ ପୁଣି କଲମ ଧରିଛି। କବିଙ୍କ ଭାବକୁ ସଂରକ୍ଷିତ ରଖି କବିତାକୁ ଓଡ଼ିଆ ଭାଷାରେ ରୂପ ଦେବାବେଳେ ଖୁବ୍ ଯତ୍ନଶୀଳ ହେବାକୁ ପଡ଼ିଛି ମୋତେ। ତେବେ ଏ ଅନୁସୃଜନର ରାସ୍ତାରେ ଚାଲିଲା ବେଳେ ଯଥାସମ୍ଭବ କବିତାସବୁକୁ ସ୍ୱାଦିଷ୍ଟ ତଥା ସୌନ୍ଦର୍ଯ୍ୟମୟୀ କରିବାକୁ ପ୍ରୟାସ କରିଛି।

କିଛି କବିତାର ପଂକ୍ତି ଯାହା ମୋତେ ବାରବାର ଆକର୍ଷିତ କରନ୍ତି, ଆନମନା କରନ୍ତି ତାହା ଏଇଠି ଉଦ୍ଧୃତ କଲି...

"ଦିନ ମୋର ତୁମଠୁ ଆରମ୍ଭ
ତୁମେ ନ ଥିଲାବେଳେ
ମୁଁ ତୁମକୁ ଝୁରିବାକୁ ବାଧ୍ୟ।" (କବିତା- ଭୋର)

"ମୋ ଆତ୍ମା ବୁଝିବାକୁ ଚାହଁ ତ
ଦୟାକରି ତାଳୁରୁ ତଳିପା ଯାଏ ପଢ଼
କାରଣ ପ୍ରତିଟି ଶବ୍ଦ ଟିକ୍‌ଟିକ୍
ନିଜ ନିଜ ପୃଥିବୀ ଭିତରେ।" (କବିତା- ମୋତେ ପଢ଼)

'କବିତା',
ମଦ ପିଆଲାରେ ଉବୁଟୁବୁ
ବରଫ ଟୁକଡ଼ା ନୁହେଁ।' (କବିତା)

ବୁନ୍ଦାଏ ଜଳ
ବିରାଟ ହ୍ରଦରେ ସୃଷ୍ଟି କରେ ଅସୀମ ତରଙ୍ଗ ।" (ହାଇକୁ)

ମୋ ସହିତ ମିଶି
ତୁମେ ମୁଁ ହୋଇଯାଅ
ପ୍ରତ୍ୟେକ ସ୍ପର୍ଶରେ
ମୋତେ ପୁର୍ନଜନ୍ମ ଦିଅ। (ତୁମ କୂଳରେ)

...ଏମିତି ଆହୁରି ଅନେକ
ସରଳ ସୁନ୍ଦର ଅଥଚ ଗଭୀର ଓଡ଼ିଆ କବିତାର ସମାହାର
'ଟିକ୍ ଟିକ୍ ପଂଝାସବୁ' ପାଠକ ହୃଦୟକୁ ଉଥଳପୁଥଳ
କରିବା ସହ ନିହାତି ଭାବେ ଧାରେ ସୂର୍ଯ୍ୟଲୋକରେ
ବିଭୋର କରିବ ବୋଲି ଆଶା ଓ ବିଶ୍ୱାସ।

ଏଇ ଅବସରରେ କବି ଏଝିଲ ବେନ୍ଧାନଙ୍କୁ ଅଜସ୍ର ଶୁଭେଚ୍ଛା ଜଣାଉଛି ଓ ତାଙ୍କ ସାହିତ୍ୟ ଯାତ୍ରା ଲାଗି ଶୁଭ ମନାସୁଛି।

ସଂଘମିତ୍ରା ରାଏଗୁରୁ
ବହୁଭାଷୀ କବି ଓ ଅନୁବାଦିକା
ରାଞ୍ଚି, ଝାରଖଣ୍ଡ
ମୋ: ୭୬୯୩୮୮୬୩୫୫

ସୂଚିପତ୍ର

ଭୋର	୧୩
ମୋତେ ପଢ଼	୧୫
ତୁମ କୂଳରେ	୧୭
କବିତା	୧୯
ପବନ ଲାଗି ଗୀତ...	୨୨
ମୋ ହୃଦୟ	୨୫
ପ୍ରିୟ ଜହ୍ନ	୨୭
ଚିଠି	୨୯
ଅସୀମ ପ୍ରେମ	୩୧
ପିତୁଳା, ଆତ୍ମାର ଦ୍ୱାର	୩୪
ନଦୀ	୩୬
ନିଆଁ ଫୁଲ	୪୦
ବରଗଛ	୪୨
ହୃଦୟର ବାୟୋକେମିଷ୍ଟ୍ରି	୪୬
ଜଣେ ମହିଳା ଜନ୍ମ ହେବା	୪୮
ପରିଚୟ	୫୨
ମୋ ପ୍ରେମ	୫୪
ମୋ ଲାଗି କୌଣସି ଟ୍ୟାଗ୍ ନାହିଁ	୫୯
ତୁମେ	୬୨
ନିଆଁ ଧାସରେ ଫୁଲ	୬୫
ପ୍ରେମ ହିଁ ଈଶ୍ୱର	୬୮
ମୁଁ ତୁମକୁ ଆଦର କରେ	୭୦
ଚଳନ୍ତି ଶ୍ରୀକ୍ଷେତ୍ର	୭୨
ତୁମେ ପୃଥିବୀର ଯୋଗ୍ୟ	୭୪
ମୋ କବିତା	୭୭
ମୋ ବାପା	୭୯

ଦୟାକରି ହସ	୮୧
ଯଦି ମୋର ଉଡ଼ିବାକୁ ଡେଣା ହଲେ ଥା'ନ୍ତା	୮୩
ଶିକ୍ଷକ	୮୫
ବିଜ୍ଞାନର ଚମତ୍କାର	୮୭
ଆଶା	୮୯
ତୁମକୁ ଅପେକ୍ଷା କରିଛି	୯୧
ଐଶ୍ୱର୍ଯ୍ୟଶାଳୀ ଜୀବନ ବଞ୍ଚ	୯୩
ବିଶ୍ୱାସଘାତକ ଶିକ୍ଷକ	୯୫
ହେ... ବସନ୍ତର ଗୀତ	୯୮
ମୋ ନିରବତାକୁ ଅନମ୍ୟୁଟ୍ କର	୧୦୧
ଜୀବନ୍ତ ମୁହୂର୍ତ୍ତ	୧୦୪
ଜୀବନର ଶେଷ ତାରିଖ ସଙ୍ଗୀତ ରଖନ୍ତୁ	୧୦୮
ତାଜମହଲ	୧୧୦
ନିର୍ଯ୍ୟାତିତ ମହିଳାଙ୍କ ପ୍ରତିଜ୍ଞା	୧୧୨
ଭାରତର ଉତ୍ତର ଦ୍ୱାର: କାଶ୍ମୀର	୧୧୪
ସେଣ୍ଟ ମଦର ଟେରେସା	୧୧୭
ଏଡ୍‌ସ	୧୧୯
ହେ ନବୋଦିତ ମିଲେନିୟମ୍ !	୧୨୧
ହାଇକୁ	୧୨୩
ବିଶ୍ୱ ଶାନ୍ତି	୧୨୫

ଭୋର

ତୁମେ ଅମ୍ଳାନୀୟ ମୁହୂର୍ତ୍ତରେ
ମୋ ଶ୍ୱାସକୁ ଜୀବନ୍ତ ଦୀପ୍ତିମନ୍ତ କର
ଟୋପା ଟୋପା କାକରର ମୋତି
ଧରି କୋମଳ ପାଦରେ
ଅନ୍ଧାରର ପରଦା ହଟାଅ

ବାସ୍ନାର ବାସ୍ନାପଣିଆରେ
ଜାଳିଦେଇ ରାତି
ତୁମେ ଅଙ୍କୁରିତ ହୁଅ ଦୂର ଦିଗ୍‌ବଳୟରେ
ଧରି ମିଠା ମିଠା ତାତି

କୌଣସି ବି ମୁହୂର୍ତ୍ତ ଠାରୁ
ମୁଁ ତୁମକୁ ଭଲପାଏ ଭୋର୍
ସକାଳ - ସଞ୍ଜ, ସୂର୍ଯୋଦୟ-ସୂର୍ଯ୍ୟାସ୍ତ -
କାହାର ବି ଚାଲେନାହିଁ ମୋ ପରେ ଜୋର୍

ଟୁକୁରା ଟୁକୁରା ତମକୁ
ମୁଁ ଅନୁଭବେ
ତୁମ ଶାନ୍ତ-ସ୍ନିଗ୍ଧ-କମନୀୟତାକୁ
ଛାତିରେ ସଜାଡ଼େ

ତୁମେ ତ ପ୍ରତିଥର ମୋତେ ଜୀବନ ଦିଅ
ଉଦ୍ଧାରିଆଣି ଥକାହାରା ଅନ୍ଧାରୀ ମୂଳକରୁ
ଆଶା-ଉଦ୍ଦୀପନାର ଆଲୁଅ ଜଳାଅ

ତୁମ ପାଖୁଡ଼ା-ପାଖୁଡ଼ାର କଅଁଳିଆ ସ୍ପର୍ଶ
ମୋ ପଲକରେ ଚୁମ୍ବନ ସଦୃଶ
ଆଉ ହଁ
ମୁଁ ପାଲଟି ବସେ ସଜଫୁଟା ଫୁଲର ରହସ୍ୟ

ଦିନ ମୋର ତୁମଠୁ ଆରମ୍ଭ
ତୁମେ ନଥିବା ବେଳେ
ମୁଁ ତୁମକୁ ଝୁରିବାକୁ ବାଧ୍ୟ

ଦଲକାଏ ବିଶ୍ୱାସକୁ ତଥାପି ନିଶ୍ୱାସ କରି
ମୁଁ ରାତି ସହ ରାତି ହୋଇଯାଏ
ତୁମ ଫେରିବା ବାଟକୁ ଅପଲକ ଚାହିଁ ରହିଥାଏ ॥

ମୋତେ ପଢ଼

ମୋତେ ଥରେ ପୂରା ପୂରା ପଢ଼
କେବେ ବନ୍ଦ କରିବାକୁ ଚେଷ୍ଟା କରନାହିଁ
ଏକ କ୍ଷଣସ୍ଥାୟୀ ଦୃଶ୍ୟ ପରେ
ଯେହେତୁ ସେଠାରୁ କିଛି ଅଛି
କେଉଁ ଏକ ଅଜଣା ପୃଷ୍ଠାରେ

ଯେତିକି ପାରିଛି
ମୁଁ ସେଥିରେ ନିଜକୁ
ସିଧା- ସରଳ ରଖିଛି
ତୁମ ମନ- ହୃଦୟକୁ କିଣିବା ଆଶାରେ

ମୋ ଆତ୍ମା ବୁଝିବାକୁ ଚାହଁ ତ
ଦୟାକରି ତାଳୁରୁ ତଳିପା ଯାଏ ପଢ଼
କାରଣ ପ୍ରତିଟି ଶବ୍ଦ ଟିକ୍‌ଟିକ୍
ନିଜ ନିଜ ପୃଥିବୀ ଭିତରେ

ମୁଁ ନିଜେ କିଛି ଲେଖିନାହିଁ
ବରଂ
କବିତା ଲେଖିଛି ମୋତେ ତା' ଅନ୍ଦାଜ୍‌ରେ
ମୁଁ ଆଉ କ'ଣ କି ?
ଏ ଅର୍ନ୍ତନିହିତ ଉପକରଣ କବିତା-ଯାତ୍ରାରେ

ତୁମଠୁ ଲୁଚେଇବାକୁ
ମୋ ପାଖେ କ'ଣ ବା ଅଛି
ହଁ... କେବଳ ସତ୍ୟଟେ ଅଛି
ଯାହା ସର୍ବଦା ସୁନ୍ଦର
ମୁଁ ଅଶୁଭ ମିଥ୍ୟା ଅପେକ୍ଷା ସଚରାଚରରେ

ମୋତେ ଥରେ ପୂରା ପୂରା ପଢ଼ ।।।

ତୁମ କୂଳରେ

ତୁମେ ମୋର ଶୋଷ ମେଣ୍ଟାଅ
ହେଲେ କଦାପି ନିଜେ ପିଅ ନାହିଁ
ତୁମେ ସର୍ବୋତ୍ତମ ଫଳ ଦିଅ
କଦାପି ନିଜେ ଚାଖ ନାହିଁ

ତୁମେ ମୋତେ ବାସ୍ନାୟିତ କର
କଦାପି ନିଜେ ଶୁଙ୍ଘ ନାହିଁ
ସମଗ୍ର ପୃଥିବୀକୁ ସତେଜ-ତେଜମୟ କର
ଗୋଟିଏ ଉତ୍ସରୁ ଅଙ୍କୁରିତ ହୋଇ

ତୁମେ ପର୍ବତରୁ ଓହ୍ଲେଇ ଆସ
ଉପତ୍ୟକା-ସମତଳ ଭୂଇଁ ଛୁଇଁ ଛୁଇଁ
ସମୁଦ୍ର ପାଲଟି ସମୁଦ୍ରରେ ମିଶ

ମୋ ସହିତ ମିଶି
ତୁମେ 'ମୁଁ' ହୋଇଯାଅ
ପ୍ରତ୍ୟେକ ସ୍ପର୍ଶରେ

ମୋତେ ପୁର୍ନଜନ୍ମ ଦିଅ
ମୋ ହୃଦୟରେ ଆନନ୍ଦର ଅରୁଣିମା ଭରି
ମୋ ପାଦକୁ ନୃତ୍ୟରେ ସଜାଅ

ମୁଁ ତୁମ କୂଳରେ ଏପଟ-ସେପଟ
ତୃଷାର୍ତ୍ତ ! ଫେରିଆସ
ମୋ ପାଖକୁ ଆହୁରି ପାଖକୁ
ମୋତେ ତୁମ ଭିତରକୁ ନିଅ

ତୁମେ ହିଁ ତ ମୋ ଇଚ୍ଛାକୁ ବଢ଼ାଅ
ପ୍ରେମ- ସାଗରରେ ବୁଡ଼ିବାକୁ
ଇସାରାରେ ଆମନ୍ତ୍ରଣ ଦିଅ

ମୁଁ ତୁମକୁ ଭେଟି ଦିଏ ମଇଳା ଓ ଧୂଳି
ମୁଁ ତୁମକୁ କରେ ମଇଳା ଓ ଧୂଳି
ଏବେ ମୋତେ
ପ୍ରେମ କରିବାକୁ ଆଉ କିଏ ଆସିପାରେ
ଯେବେ ଅସମର୍ଥ ଜଳ ଆଉ ଅଗ୍ନି ?

କବିତା

କବିତା,
ସିଂହାସନ ସୁଶୋଭିତ କରୁଥିବା
ମୟୂର-ପୁଚ୍ଛ ନୁହେଁ
ଏହା ଶକ୍ତିଶାଳୀ ପାଦ ତଳେ
ହୃଦୟର ଅଭିଯୋଗ

କବିତା,
ମଦ ପିଆଲାରେ ଉବୁଟୁବୁ
ବରଫ ଟୁକୁଡ଼ା ନୁହେଁ
ଏହା ସମସ୍ତଙ୍କ ଲାଗି
ଖାଦ୍ୟରେ ଲୁଣ ପରି
ସଭିଙ୍କର ପର୍ବ

କବିତା,
ନିବୁଜ କୋଠରିର
ଅଶ୍ଳୀଳ ନୃତ୍ୟ ନୁହେଁ
ଏହା ଲୋକ-କଳାକାରଙ୍କ
ଥିଏଟର୍ ଗଳି

କବିତା,
ଶୃଙ୍ଗାର ଜଡ଼ିତ ଚେହେରାର

ଫଟୋ ଚିତ୍ର ନୁହେଁ
ଦର୍ଶନ-ପ୍ରକାଶର ନିଛକ ଅଳି

କବିତା-ପ୍ରତିଫଳିତ
ଜ୍ୟୋତିଷ ଗଣନା ନୁହଁ
ଅଦୃଶ୍ୟକୁ ଦୃଶ୍ୟ କରୁଥିବା
ଏହା ଏକ ଯବକାଚ
ଯାନ-ବାହାନର ପୂର୍ବାନୁମାନ -
ଆଗକୁ ଆସିବ କ'ଣ ?

କବିତା,
ଜୋତାର ଲମ୍ବା ମୋଜା ନୁହଁ
ଏହା ଫୁଲ ପରି କୋମଳ
ଲୁହ ପୋଛିବାକୁ ଏକ ରୁମାଲ୍

କବିତା,
ଜ୍ୟୋତିଷ ଶାସ୍ତ୍ର ନୁହଁ
ବରଂ ମୁହଁବହି
ଦୈନନ୍ଦିନ ଜୀବନର
ଟାଇମଲାଇନ୍‌ରେ ହଇଚଇ

କବିତା,
ଦୀର୍ଘ ଜୀବନ ଲାଗି ଅମୃତଭଣ୍ଡାର
ଆଉ ମଲମ କ୍ଷତର

କବିତା,
ନିର୍ଦ୍ଦିଷ୍ଟ ସାହିତ୍ୟିକ ବର୍ଗର ନୁହେଁ
ଏ ମୁଣ୍ଡରୁ ସେମୁଣ୍ଡ ଯାଏ ସଭିଙ୍କର

କବିତା,
କା' ଲାଗି ବିଦେଶୀ ନୁହେଁ
ଏହା ଅଭିଜ୍ଞତା-ଅନୁଭବ ସମଗ୍ର ପୃଥିବୀର ! ! !

ପବନ ଲାଗି ଗୀତ...

ମୋ ହୃଦୟକୁ ହୃଦୟରେ ଭରି
ରୋମାଞ୍ଚିତ କରି
ତୁମେ କେଉଁଠୁ ଆସୁଛ ପ୍ରିୟ

ତୁମେ ତ
ଘୁରିବୁଲିଛ ବିଶ୍ୱ ବ୍ରହ୍ମାଣ୍ଡରେ
କାହିଁ କେଉଁ ଆଦିମ କାଳରୁ
ତଥାପି ଯୁବକ

ହେ ପବନ ?
ସବୁକିଛି ଏଠି ତୁମରି ହାତରେ
ତୁମ ଦ୍ୱାରା ହିଁ ନିର୍ଦ୍ଧାରିତ
ପୃଥିବୀର ରୂପରେଖ ତୁମ ଶୈଳୀରେ

ମୋ ବାସ୍ନା ସହ ମୋତେ ଛୁଇଁବାକୁ
ତୁମେ ହିଁ ପ୍ରଥମ
ଏପରିକି ଜନ୍ମିଲା ପରେ ଶିଶୁ
ମା' ବି ଅସମର୍ଥ ଦେବାକୁ ପ୍ରଥମ ଚୁମ୍ବନ

ତୁମ ଗତି ବିନା ସମସ୍ତେ ଅକ୍ଷମ
ପତ୍ରଠୁ କଢ଼ ଯାଏ ଉଦ୍ଦୀପନା ବିହୀନ

ତୁମ ଆସିବା ବାଟକୁ ଚାହିଁ ଚାହିଁ
ପରାଗ ବି ବରଫ ସମ

ଆଃ, ମୁଁ ଚାହେଁ ତୁମକୁ ଭରିବାକୁ
ମୋ ବାହୁବନ୍ଧନୀରେ
ଯଦିଓ ହଜାରେ ହାତରେ ବି
ଅସମ୍ଭବ ଏହା
ମୁଁ କେମିତି ସମର୍ଥ ହେବି
କେବଳ ଦୁଇଟି ହାତରେ ।

ମୋ ହୃଦୟ-ପ୍ରାଣ ଲାଗି
ତୁମେ ଦଳକାଏ ଅମ୍ଳଜାନ
ମୋ ଜିଇବା-ମରିବା
ତୁମ ହାତେ ତୁମରି ନାମେ

ପାଣିକୁ ଧାରଣ କରି
ଅନନ୍ୟା ଆମର ପୃଥିବୀ
ହେଲେ ତୁମ ବିନା
ସବୁକିଛି ଶୁଷ୍କ-ବିରହୀ

ସବୁ ଦିଗକୁ
ମୁଁ ଭଲ ଭାବେ ଜାଣେ
କିନ୍ତୁ, ତୁମେ ହିଁ ମୋ ଦିଗ ସ୍ଥିର କରି
ପହଞ୍ଚାଅ ମୋତେ ଠିକଣାରେ

କେବଳ ପତ୍ରରେ ନୁହେଁ
ଫୁଲଠୁ ତରଙ୍ଗ ଯାଏ
ମୁଁ ଦେଖେ ତୁମ ଚଳଚଞ୍ଚଳ ପାଦ

ଛାଇ-ଆଲୁଅ ଜଗତେ
ତୁମେ ବାସ୍ତବତା-ଛାୟାମୁକ୍ତ

ତୁମ ଆଗମନେ
ଭରିଯାଏ ଶୂନ୍ୟସ୍ଥାନ ଯେତେ
ତୁମ ସ୍ପର୍ଶରେ
ଗଜୁରି ଉଠେ ଡେଣା
ଯେମିତି ଅଙ୍କୁରିତ ହୁଏ ବୀଜ-ମାଟିର ପରତେ

ସକାଳ ପବନ ପରି
ତୁମେ ପ୍ରଭାତରେ ଆସି
ମୋ ଆଖି ଚୁମିଯାଅ
କାନରେ ଘୁରି ଘୁରି
ମୃତ୍ୟୁରୁ ମୋତେ ଜୀବନ୍ୟାସ ଦିଅ

ପବନ !
ତୁମେ ଗୋଟେ ଗଭୀର ଜ୍ଞାନ
ତୁମେ ହିଁ ମହକାଅ କବିତାର ମନ

ଏବେ ଆସ ଉଡ଼ ଓ ଉଡ଼ାଅ
ମୋତେ
ହେ ପବନ !
ପ୍ରବାହିତ କର ତୁମରି ଶକ୍ତିରେ
ମୋ ହୃଦୟ-ଆତ୍ମାରେ ଉତ୍ସାହ ଭରି
ସତେଜ କର ମୋ ନିଃଶ୍ୱାସ ତୁମ ନିଃଶ୍ୱାସରେ ॥

ମୋ ହୃଦୟ

ମୁଁ ସମସ୍ତ କବାଟ-ଝରକା ବନ୍ଦ କରିଦେଲି
ବୋର୍ଡ଼ ଲଗେଇଲି -
"ବିନା ଅନୁମତିରେ ପ୍ରବେଶ ନିଷେଦ୍ଧ"

ଏବେ କିଏ ବା
ପ୍ରବେଶ କରିବାକୁ ସାହସ କରିବ
ବୋର୍ଡ଼ ହଟେଇ
ଅବମାନନା କରିବା ମୋ ଇଚ୍ଛା ଓ ଆଦେଶ

ମୋ ଡିଜିଟାଲ ତାଲାର ପାସ୍‌ୱାର୍ଡ଼
ମୁଁ କହିନି କାହାକୁ
ଏମିତିକି ମୋ ଘନିଷ୍ଠ ବନ୍ଧୁଙ୍କଠୁ ବି
ଲୁଚେଇ ରଖିଛି

ତଥାପି,
ତୁମେ କେମିତି ପାଇଲ
ମୋ ହୃଦୟ-ଦୁଆରକୁ ବାଟ ଖୋଜିନେଲ
କେବେଠୁ ବସି ଏତକ ଭାବୁଛି

ତୁମେ ଜୋର୍‌ରେ ହସୁଛ
"ହାଏ, ତୁମେ କେମିତି ଅଛ"
-ବାରବାର ପଚାରୁଛ

ମୋତେ ଚିଡ଼ଉଛ, ହସୁଛ
ମୋତେ ହିଁ ଇଛୁଛ

ତୁମ ଉଜ୍ଜ୍ୱଳ ଆଖି
ରଙ୍ଗତୁଳୀ ପଠଉଛି ଆଙ୍କିବାକୁ ପ୍ରେମ
ମୋ କପାଳରେ
ଉଡ଼ନ୍ତା ଚୁମାକୁ ନେସୁଛି ଗାଲରେ

ଏଯାବତ୍ ଭାବୁଥିଲି
ହୃଦୟ ମୋ କଠୋର - ସୁଦୃଢ଼
ହେଲେ ତୁମ ଧାରେ ନଜର ସ୍ପର୍ଶରେ
ଏହା ଟୁକୁରା-ଟୁକୁରା
ଯେମିତି ମୁଣ୍ଡାଏ ବରଫ !!!

ପ୍ରିୟ ଜହ୍ନ

ମୁଁ ପୂରଣ କରିବାକୁ ଅକ୍ଷମ
ତୁମ ବିଳାସପୂର୍ଣ୍ଣ ଆବଶ୍ୟକତା
ମୋତେ ନିରାଶ କରୁଛି ପ୍ରତିଦିନ
ତୁମ ମାର୍ବଲ ମୁହଁର ମାଦକତା

ତୁମକୁ ବର୍ଣ୍ଣିବାକୁ
ଶବ୍ଦଟେ ଖୋଜୁଛି ଯେ ଖୋଜୁଛି
ହାଏରେ ? କେଉଁଠି ପାଉଛି

ଭାରି ଭୟ ମୋତେ
ଯଦି କେହି ଜାଣିଯାଏ ଆମର ସମ୍ପର୍କ
ମୁଁ କ'ଣ କହିବି
ମୁଁ ଯେ ଲଜ୍ଜାରେ ସଶଙ୍କ
ଦୟାକରି ତୁମ ଦୃଷ୍ଟିରୁ
ମୋତେ ଦୂରରେ ହିଁ ରଖ

ତାରାଙ୍କ ଅଳଙ୍କାର ପିନ୍ଧି
ତୁମେ ପହଁରୁଥାଅ ଆକାଶରେ
କେବେ ବି ଭାବନା
କ'ଣ ହୁଏ ମୋର ତୁମ ଗୋଟେ ଚାହାଣୀରେ

ଯଦି କେହି
ଆମକୁ ଦେଖି ଦେଇଥିବ
ତୁମର ମୋତେ ନିରେଖି ଦେଖିବା ପରଖିଥିବ !

ଯଦି ମୁଁ ବି ଠିକ୍ ସେମିତି
ତୁମକୁ ଦେଖିବାକୁ ସାହାସ ଜୁଟାଏ
ଏ ଦୁନିଆଁ ମୋରି ଚର୍ଚ୍ଚାରେ ବ୍ୟସ୍ତ ହୋଇଯିବ

ତୁମ କଥା କାହାକୁ ଶୁଭେନା
ତୁମେ ତ କହୁଥାଅ ଅନ୍ତରୀକ୍ଷୀୟ ଶବ୍ଦରେ

କିନ୍ତୁ ଯଦି ମୁଁ
ତୁମକୁ କୁହେ ନିଃଶବ୍ଦରେ
ଠୋ ଠୋ ହସି
ଲୋକେ ମୋତେ ଗଣନା କରିବେ ଦୋଷୀରେ

ତୁମେ ତ ଚାଲାକ୍
ଦିନକୁ ଏଡ଼େଇ ଦେଇ
ଆସୁଥାଅ କେବଳ ରାତିରେ
ତୁମ ଅନୁପସ୍ଥିତି ତିନିଦିନ ଗୋଟିଏ ମାସରେ

ଥରେ ନୁହଁ
ବାରବାର କହିଛି ତୁମକୁ
ମୁଁ ଜଣେ ସର୍ବହରା
ତୁମ ପରି ଏଡ଼େ ଉଚ୍ଚ ନୁହଁ ସ୍ଥିତି-ସ୍ଥାପତ୍ୟରେ !!

ଚିଠି

ସେଗୁଡ଼ିକ ଅର୍ଥହୀନ ପଦ
ଅଜ୍ଞାତ ବାକ୍ୟବିନ୍ୟାସ
ବ୍ୟାକରଣଗତ ତ୍ରୁଟି
ସୀମାରେ ଆବଦ୍ଧ ନୁହେଁ

ନା ବାଜା-ଢୋଲ
ନା ପାର୍ଶ୍ୱ ପ୍ରତିକ୍ରିୟା
ଅନେକ ସାହିତ୍ୟିକଙ୍କ ଅନୁସାରେ
ଶିଶୁ ଥରୁଟେ ହିଁ ଗଢ଼େ

ନ୍ୟୁନତମ ସାହିତ୍ୟିକ ଜ୍ଞାନ ହିଁ ଢେର୍
ଅନୁବାଦ ଲାଗି
କେବଳ ଭାବନା ଯଥେଷ୍ଟ
ବୁଝିବାକୁ ଅର୍ଥର ରଙ୍ଗୋଲୀ

ଭାବପୂର୍ଣ୍ଣ ତରଙ୍ଗ
ଉଥଳ ପୁଥଳ କରେ ହୃଦୟର ଘର
ଆଉ
ରେକର୍ଡ଼ କରେ ଛାତିତଳ ଧକ୍ ଧକ୍ ନିଛକ ଶବ୍ଦରେ

ଶବ୍ଦ ପରେ ଶବ୍ଦ
ସ୍ରୋତ ହୋଇ ବହେ

ଅକ୍ଷର ଓ ଆତ୍ମାକୁ
କମ୍ପନରେ ଏକାକାର କରେ

ସୌନ୍ଦର୍ଯ୍ୟକରଣ କିମ୍ବା କଳ୍ପନା କରିବାକୁ
କିଛି ବୋଲି କିଛି ବି ନାହିଁ
ଏହା ବାସ୍ତବତାର ଅଭିବ୍ୟକ୍ତି
ସମ୍ବେଦନଶୀଳତାର ନଈ

ବାହ୍ୟକାରଣରୁ
କିଛିଟା ଫେରିଆସେ ଅନିଚ୍ଛାରେ
ହସ୍ତାନ୍ତର ହୁଏ ପ୍ରେରକଙ୍କୁ
ଅତି ସହଜରେ
ଭେଲ୍‌ଭେଟ୍ ଲିଫାପାରୁ
କେତେକ ତ ମୂର୍ଚ୍ଛି ହୋଇବସେ

କୌଣସି ରାଜ୍ୟର ପ୍ରତୀକ
ଦରକାର ନାହିଁ
ପ୍ରେରକର ନାମ ହିଁ ପ୍ରଯୁଜ୍ୟ
ଯୋଗାଯୋଗର କିଛି ଅକ୍ଷର
ସ୍ଥିର କରେ ସମୟ ଓ ଦିଗ

ମଧୁର ଗୀତ
ହୃଦୟରୁ ହୃଦୟ ବିସ୍ତରେ
ପ୍ରେରକର ସୁଗନ୍ଧ
ବହିଯାଏ ଭ୍ରମଣକାରୀ ପବନରେ !!!

ଅସୀମ ପ୍ରେମ

ମୁଁ ଭୁଲିପାରିବି ନାହିଁ
ସେହି ମଧୁର ମୁହୂର୍ତ୍ତ
ଅଦ୍ଭୁତ ବିଜୁଳିର ସ୍ପର୍ଶ
ଯାହା ମୋ ଲୋମ-ଲୋମ ଭେଦି
ମୋତେ କରେ ସମ୍ପୂର୍ଣ୍ଣ ଆଦ୍ର

ଶୀତ ସହ ଛ'ଟି ଯାକ ଋତୁ
ବସନ୍ତ ପାଲଟେ
ମରିଚୀକା ଉଙ୍କିପାରେ
ପ୍ରତି କଣିକାରେ

ନରମ ସବୁଜ ପତ୍ର
ଫୁଲର ପାଖୁଡ଼ା
ମୋ ଆଖିରେ ଶୀତଳତା ଢାଳେ

ଫୁଲ ମାନ
ମୋତେ ଚହିଁ ପାଖୁଡ଼ା ମେଲନ୍ତି
ଅଗଣିତ ରଙ୍ଗ ଓ ବାସ୍ନାରେ

ଗରମ ଗ୍ରୀଷ୍ମରେ
ମୁଁ ଅନୁଭବେ ଶୀତଳ କମ୍ପନ

ହାତ ସବୁ ଥରି ଉଠେ
ଆଶ୍ଚର୍ଯ୍ୟ ! ହୃଦୟଟା ଉଷ୍ମ

ସତେଜ ହୋଇଉଠେ
ଅଭ୍ୟସ୍ତ ଅଜୀବ ଚେହେରା
ଯନ୍ତ୍ରଣାସିକ୍ତ ଲୋକେ
ପବିତ୍ରତାରେ ଆତ୍ମହରା

କ୍ଷଣିକ ଭୁଲ୍ ଲାଗି
ପ୍ରତିଶୋଧ ମନୋଭାବ
ମୁଁ ଫିଙ୍ଗିଲେ
ଭୁଲିଯାଏ - କ୍ଷମାକରେ ସମସ୍ତ ଆଘାତ - କ୍ଷତ
ଯେତେ ଯେତେ ପାରେ

ଅପମାନ-ଆକ୍ରମଣ
ଅସହଜର ସହଜ
ମୁଁ ସବୁକୁ ପାଛୋଟି ଆଣେ
ଉଜ୍ଜ୍ୱଳ ହସଟେ ସହିତ

କ୍ଷୁଧା-ତୃଷ୍ଣା ଏବେ ଅଜ୍ଞାତ
ଘଣ୍ଟା-ଘଣ୍ଟା ପରିଶ୍ରମ ପରେ ବି
ମୁଁ କ୍ଳାନ୍ତ ରହିତ

ତା' ଦର୍ଶନ - ସ୍ୱର ସ୍ମରଣରେ
ଆଜିକାଲି ସବୁକିଛି ଘଟେ
ଏକ ଅବିଭକ୍ତ ହସ
ତା' ଓଠରେ ଫୁଟେ
ମୁଁ ଆଲୋକିତ ହୁଏ
ତା' ହୃଦୟ-ପ୍ରାଣର ଆଲୋକେ

ମୋ ଜ୍ଞାତ ଶବ୍ଦମାଳା
ମୁଁ ସ୍ମୃତିରେ ରଖେ
ହଁ ଆଜିକାଲି ମୁଁ କବିତା ବି ଲେଖେ

ରଙ୍ଗରେ ବୁଡ଼େଇ
ମୁଁ କିଛିକ୍ଷଣ ତୁଳୀକୁ ସିଞ୍ଚେ
ବଡ଼ ଯତ୍ନରେ କଳାତ୍ମକ ଚିତ୍ରଟେ ଆଙ୍କେ

ସମସ୍ତ ଟୀକାକରଣ ପଦ୍ଧତି
ଏଠି ନିରର୍ଥକ ଏବେ
ମନେରଖ ?
ପ୍ରତ୍ୟେକ ହୃଦୟ ଥରେ ନା ଥରେ
ପ୍ରେମ ସୁଆଦକୁ ଚାଖେ

ପୃଥିବୀ ଅମୂଲ୍ୟ ସ୍ପର୍ଶଟେ ପାଲଟେ
ଏଇ ଯାଦୁକରୀ ଅନୁଭବେ

ସେ ଟାଣିନିଏ ମୋତେ
ଆକାଶଠୁ ଉଚ୍ଚ
ପୃଥିବୀର ସମସ୍ତେ ତା' ଆଗେ ପାଲଟନ୍ତି ତୁଚ୍ଛ
ନା ଧନ ନା ସମ୍ପତ୍ତି
ସେ ପୃଥିବୀର ଅଷ୍ଟମ ଆଶ୍ଚର୍ଯ୍ୟ
ମାପିବାର ରାସ୍ତାତକ ବନ୍ଦ
କିଏ କେମିତି ଜାଣିବ, ସେ କେଡ଼େ ମୂଲ୍ୟବାନ ॥

ପିତୁଳା, ଆତ୍ମାର ଦ୍ୱାର

ତୁମେ ଆଖିର କେନ୍ଦ୍ର
ରେଟିନା ଛୁଇଁବାକୁ
ଆଲୁଅକୁ ଅନୁମତି ଦିଅ
କ୍ଷଣିକେ ଲାଗି ଝଲସି ଉଠ
ଆଖିପତା ଖୋଲି
ଆମନ୍ତ୍ରଣର ସଙ୍କେତ ପଠାଅ

ଆଖି କବିତା ଲେଖେ
କିନ୍ତୁ, ନୀରବରେ
ସର୍ବଭାରତୀୟ ଭାଷାରେ
ଆତ୍ମାକୁ ଆଲୋକ ସହ ପରିଚିତ କରେ

ତୁମ ଆତ୍ମାର ଦ୍ୱାର –
ଆଖିର ପିତୁଳା
ଏକ ଆଶ୍ଚର୍ଯ୍ୟ

ସତରେ ଆଶ୍ଚର୍ଯ୍ୟଜନକ,
ଆଖି କେବଳ
ଆଲୁଅକୁ ଆମନ୍ତ୍ରଣ କରେ

ଫେରିବା ଲାଗି
କଦାପି ଅନୁମତି ଦିଏ ନାହିଁ

ତୁମେ ମୋତେ ଆବୋରିଛ
ଆଉ
ମୋ ପ୍ରତିଛବି ତୋଳି ଧରିଛ
ତୁମ ଆଖିର ରେଟିନାରେ

ମୋ ପ୍ରତିଛବି ସହ
କିଛି ବୋଲି କିଛି କରିବାକୁ
ମୋ ପାଖରେ ବିକଳ୍ପଟେ ନାହିଁ
ବୈଦୁତିକ ସଙ୍କେତଟେ ପଠେଇଛି, ଦେଖ !
ତୁମ ମସ୍ତିଷ୍କ କୋଷରେ ରହିବାକୁ ସବୁଦିନ ଲାଗି ॥

ନଦୀ

ମୁଁ ପ୍ରକୃତି ଦ୍ୱାରା ଲିଖିତ
ଜଳର କବିତା
ତରଳ ଦସ୍ତାବିଜ
ମାଝିର ସ୍ୱର

ଅନେକ ଯୁଗକୁ ଅତିକ୍ରମିଥିବା
ପୃଥିବୀର ଜୀବନରେଖା ମୁଁ
କହିପାର ମୋତେ ପୃଥିବୀର ଅନନ୍ୟ ଆଶ୍ଚର୍ଯ୍ୟ

ମୁଁ ପୃଥିବୀ ପୃଷ୍ଠରେ ଭାସମାନ ଉଜ୍ଜ୍ୱଳ ଧନ
ମୋ ଉଚ୍ଛୁଳା ତରଙ୍ଗ ଶୀତଳ ଅଗ୍ନି

ଯେବେ ପୃଥିବୀ ମା' ଗର୍ଭବତୀ ହେଲା
ସମଗ୍ର ଜୀବନର ଜନ୍ମଦାତ୍ରୀ ହେଲା
ମୁଁ ସ୍ତନ ହୋଇ
ଜୀବଜଗତର ଶିରାପ୍ରଶିରାରେ ପ୍ରବାହିତ ହେଲି

ତୁମେ କଦାପି ବୁଝିପାରନି ବୋଲି
ମୋ ସର୍ବଭାରତୀୟ ଭାଷା
ମୁଁ କହିବାକୁ ଆସିଛି
ତୁମ ସ୍ଥାନୀୟ ଉପଭାଷା
ଶୁଣ !

ମୁଁ ପାଲଟିବାକୁ ଇଚ୍ଛୁଚି
ଜୀବନର ମୁଖ୍ୟ ସ୍ରୋତ
ଅତୀତର ବନ୍ୟ ନଦୀ ପରି
ଖର୍ଚ୍ଚ ମୋର ସମସ୍ତ ସମୟ

ତୁମେ ତିଆରିଛ
ମୋ ପ୍ରହରୀ କରି ଦୁଇଟି ବନ୍ଧ
ମୁଁ ସମ୍ମାନିତ – ଗର୍ବିତ
ହେଲେ ତଳ ଉପତ୍ୟକା ଦେଇ
ମୁଁ ପ୍ରବାହିତ ହେବାକୁ ବାଧ
ଉଚ୍ଚଭୂମି ଦେଖିଦେଲେ
ମୁଁ ଥରହର, ବେଶ୍ ଭୟଭୀତ
ଜଳପ୍ରପାତ ସାଜି ଡେଇଁପଡ଼ିବାକୁ
ରାସ୍ତାଟେ ଖୋଜିବା ହିଁ ଥୟ

ଦୟାକରି
ବନ୍ଧର କାରାଗାରରେ
ବନ୍ଦୀକରି ରଖନାହିଁ ମୋତେ
ପ୍ରବାହିତ ହେବାକୁ ଦିଅ
ସଦା ଏକ ସ୍ରୋତର ସୁଅରେ

ମୋ ଚଲା ପଥରେ
ମୁଁ ବିଛେଇଛି ସବୁଜ ଚଦର
ଦେଖ !
ମୁଁ ତୁମ ଲାଗି ଆଣିଛି
ଫୁଟନ୍ତା ଫୁଲଙ୍କର ସଜ ଉପହାର

ତୁମ ପାଦ ସ୍ପର୍ଶ ଲାଗି
ମୁଁ ତଳକୁ ଆସେ

ତୁମେ କିନ୍ତୁ
ମୋ ମୁହଁରେ କଣ୍ଟା ଫିଙ୍ଗ
ପିଙ୍ଗିବ ତ ସମସ୍ତ ଅଳିଆ-ଆବର୍ଜନା
ମୋତେ ସଜାଅ ଅଳିଆ

ଯେବେ ରାସ୍ତାରେ
ମୁଁ ଭେଟେ ମୋ ଭାଇ ଭଉଣୀଙ୍କ ସହ
ଦୁଃଖଦ ଅନୁଭୂତିର ପେଟେରା ଖୋଲେ
ଚିପୁଡ଼ି ହୁଏ ଯନ୍ତ୍ରଣାସିକ୍ତ ଆଖି
ଆମରି ଲୁହରେ ଲବଣାକ୍ତ ସମୁଦ୍ର ଜଳ ରାଶି
ସମୁଦ୍ରରେ ମିଶିବା ଲାଗି
ଆମେ ପ୍ରତିଜ୍ଞାବଦ୍ଧ

ମୋ ଦିଗ - ଚିହ୍ନଟ ଲାଗି
ମୁଁ ଏଣେ ତେଣେ ଧାଏଁ
ହେଲେ କେବେ ପଛକୁ ଫେରେନା
କ୍ଲାନ୍ତତା ଅବା ଅଳସୁଆମୀ ଲାଗି
ମୁଁ ପହଞ୍ଚିପାରେ ଟିକେ ବିଳମ୍ବରେ
ହେଲେ ଏଡ଼େଇ ଯାଏନା

ସୂର୍ଯ୍ୟର ଜ୍ୱଳନରେ
ମୁଁ ଆକାଶକୁ ଉଡ଼େ
ମେଘର ଡେଣା ଆଲିଙ୍ଗନ କରି
ବର୍ଷା-ଟୋପା ପାଲଟେ

ସମୟେ ସମୟେ
ମୁଁ କ୍ରୋଧରେ, ଚିତ୍କାର କରେ - ଗର୍ଜନ କରେ
ତଥାପି

ନ୍ୟାୟ ଲାଗି ମୋ ପ୍ରାର୍ଥନା
ତୁମ ଦ୍ୱାରା ଉପେକ୍ଷିତ ହୁଏ

ମୁଁ ସଦା ନିମ୍ନଗାମୀ
କିନ୍ତୁ ମନେରଖ !
ଯଦି ବାରବାର ଏମିତି
ଅବହେଳିତ ହୁଏ ମୋ ଅନୁରୋଧ
ମୁଁ ଅଗ୍ନି ସମ ଊର୍ଦ୍ଧ୍ୱଗାମୀ ହୋଇପାରେ ॥

ନିଆଁ ଫୁଲ

ଗୀତଗୁଡ଼ିକର ପ୍ରାରମ୍ଭ ସଂଗୀତ ସହିତ
ଆରମ୍ଭ ହୁଏ ନୃତ୍ୟ
ଫ୍ରେମ୍ ବାହାରକୁ ଯାଇ
ନାଚିବା ଆରମ୍ଭେ ଅଗ୍ନିଶିଖା
ଧୂଆଁ ହିଁ ତ ପ୍ରାରମ୍ଭ ସଙ୍ଗୀତର ସୃଷ୍ଟିକର୍ତ୍ତା

ନିଆଁ-ଫୁଲ ପାଖୁଡ଼ା ଖୋଲେ
ମୁକ୍ତ ଶବ୍ଦ ପରି ପ୍ରବାହିତ ହୁଏ
କୌଣସି ସୀମାବଦ୍ଧତା ବିନା
ଅସୀମ ରୂପକୁ ଶୃଙ୍ଗାର କରେ

ସେ ଅଗଣିତ ରଙ୍ଗର ସମ୍ଭାର ଚମତ୍କାର
ଯାହା ଥିଲା ଏଯାଏଁ ଅଦୃଶ୍ୟ
ଅଗ୍ନିଶିଖା ଖୁବ୍ କୋମଳ ଅଥଚ ଭୟଙ୍କର
ତା' ସଂସ୍ପର୍ଶରେ ଆସୁଥିବା ଜିନିଷକୁ
ପୋଡ଼ି ଜାଳି ଭସ୍ମ କରିବାକୁ
ସେ ପ୍ରତିଶ୍ରୁତିବଦ୍ଧ

ଅଗ୍ନିଫୁଲର ସୁଗନ୍ଧ ଅନନ୍ୟ
ହେଲେ ଯେଉଁ ଢେଙ୍ଗରେ ଫୁଟିଥାଏ ସେ
ତାହାହିଁ ସୃଷ୍ଟି କରିପାରେ ପାର୍ଥକ୍ୟ
ଯେକୌଣସି ଲୋଭନୀୟତା ଅପେକ୍ଷା

ଗନ୍ଧହୀନତା ଶ୍ରେୟସ୍କର
ଜଳ ସବୁକିଛି ଧୋଇ ନିଏ
କିନ୍ତୁ ଅଗ୍ନି ଶୁଦ୍ଧତାର ବାଟ ॥

ବରଗଛ

ମୁଁ ବରଗଛ
ଖୁବ୍ ଆଶ୍ଚର୍ଯ୍ୟଜନକ
ପରମାଣୁର ଶକ୍ତିଶାଳୀ ଶକ୍ତି ପରି
ବହୁତ ଛୋଟ ମଞ୍ଜିରୁ
ମୋ ବିଶାଳରୂପ

ବଳିଦାନର ମୂଳଦୁଆ ଉପରେ
ମଣିଷ-ଲୁହରେ ସିଞ୍ଚି ହୋଇ
ମୋ ଶାଖା ପ୍ରଶାଖା ଲଙ୍ଘିଛି ସୀମା
ଦିଗନ୍ତ ବିସ୍ତରିଛି ମୋ ଦୃଷ୍ଟିକୋଣ

ମୁଁ ପକ୍ଷୀଙ୍କ ଆଶ୍ରୟ
ଛାଇର ଲାଳସା
ମୋ ଫଳର ସୂକ୍ଷ୍ମ ସ୍ୱାଦ
ସବୁଜ ଶାଖା ହିଁ ଭରସା

ନାନା ଜାତିର ପକ୍ଷୀଙ୍କ
ଭାଷା ଭିନ୍ନ ରଙ୍ଗ ବି ଭିନ୍ନ
କିନ୍ତୁ ଚିନ୍ତା ଚେତନା ଜାତୀୟତାର ପ୍ରେରଣା
ସବୁକାଳ ଲାଗି ଅଭିନ୍ନ ସମାନ

ମୁଁ ତମ୍ବୁ
ଯେଉଁଠି ପକ୍ଷୀମାନେ
ପରିଶ୍ରମ କରି ବିଶ୍ରାମ କରନ୍ତି
ମୋ ଶାଖାରେ,
ପ୍ରତ୍ୟେକ ଋତୁର ଉତ୍ସବ ପାଳନ୍ତି

ମୋ ଅନନ୍ତ ପ୍ରାସଙ୍ଗିକତାର ବେଦ-ସତ୍ୟ
ମୁଁ ପ୍ରେମ ଓ ଶାନ୍ତିର ପ୍ରଚାରକ
ସମୟ ପରୀକ୍ଷିତ ଆଦର୍ଶ

ମୋ ଆଦର୍ଶ ଶାଖାରେ
ଶିକାରୀ ପକ୍ଷୀଙ୍କୁ ଅନୁମତି ନାହିଁ
ଖୁବ୍ କଠୋର ମୁଁ
ଯଦିଓ ଅନୁମତି ମାଗିଥା'ନ୍ତି ସେମାନେ
ଉପଯୁକ୍ତ ଦେୟ ଦେଇ

ମୋ ଭିତରେ
ଏକ ଚିରସ୍ରାବୀ ଚିତ୍ରିତ ବସନ୍ତ
ମୁଁ ଅନନ୍ୟ ଉପହାର
ବନ୍ଧ୍ୟା ମାଟିର ଦାୟଦ

କିଛି ପକ୍ଷୀ
ମୋ ଫଳର ସୁଆଦ ଚାଖି
ମୋତେ ଅନ୍ୟତ୍ର ନିର୍ଗତ କରନ୍ତି
କେତେକ ନିଜ ଡେଣାକୁ ବାଜି ଲଗେଇ
ଜୀବନର ଭାଗ ଦୌଡ଼ରେ ଖନେଇ ଖନେଇ
ମୋ ଦୋଷ ଖୋଜୁଥା'ନ୍ତି
କିଛି ପକ୍ଷୀ
ମୋ ଇଲାକାର ପକ୍ଷୀଙ୍କୁ ପ୍ରଶଂସା ଆଳରେ

ଦେଖାନ୍ତି ପ୍ରଲୋଭନ
- "ଚାଲ ଅନ୍ୟ ଗଛର
ଉଚ୍ଚ ଶାଖାରେ ବସିବା
ବିଳାସ ବ୍ୟସନରେ ମଜ୍ଜିବ।"

କାଠହଣା ଚଢ଼େଇଙ୍କୁ
କ୍ଷମା କରିବାକୁ ମୁଁ ଅସମର୍ଥ
ମୋତେ ଖୋଳ କରିବାରେ ହିଁ ତ
ତାଙ୍କର ଆନନ୍ଦ

ମୋ ଭିତରେ ଛିଦ୍ର ସୃଷ୍ଟି କରି
କାଠହଣା ଚଢ଼େଇ,
ଦୁଷ୍ଟ ସାପଙ୍କୁ ନିମନ୍ତ୍ରଣ ଦିଏ

ମୁଁ ଏକ ଗରିବ ଦୟାଳୁ ଗଛ
ମୋ ଫଳ
କେବଳ ପକ୍ଷୀଙ୍କ କିଚିରି ମିଚିରିର ବାଟ ଚାହିଁଥାଏ

ମୋ ଚେର
ବିନା ବିଶ୍ରାମରେ ପରିଶ୍ରମରତ
ମାଟିର ଭିତରକୁ ଯାଇ ଜଳ ଖୋଜୁଥାଏ

ମୋ ମଞ୍ଜି ପିତା ହୋଇପାରେ
କିନ୍ତୁ ଫଳ ବଡ଼ ମିଠା
ମୋ ଶରୀର ଯନ୍ତ୍ରଣାସିକ୍ତ
ହଜାରେ କ୍ଷତର ସହର
ମୋ ତାଳୁରୁ ତଳିପା ପର୍ଯ୍ୟନ୍ତ

ଦେଖିନ କି

ମୋ ଆଖିର ପାଣି
ଗନ୍ଧକର ଦୁର୍ଗନ୍ଧ
ମୋତେ କ୍ଷଣ କ୍ଷଣ ଖାଉଥାଏ ଝୁଣି

ମୋ ପରୀକ୍ଷା-ନିରୀକ୍ଷା
ସମୟ ଚକ୍ରରେ ଅସ୍ପଷ୍ଟ
ଇତିହାସ ପୃଷ୍ଠାରେ
ମୁଁ ଏକ ସଫଳ ବୃକ୍ଷ

ବରଗଛ ମୁଁ
ଖୁବ୍ ଆଶ୍ଚର୍ଯ୍ୟଜନକ

ଅନ୍ୟଗଛ ପରି
ନମନୀୟ ହେବାର ସୁଯୋଗ
ନାହିଁ ମୋ ପାଖରେ
ମୋ ଶାଖା କଦାପି ନଇଁ ଯାଏ ନାହିଁ
ଫଳ ଓଜନିଆ ହେଲେ

ଝଡ଼ ତୋଫାନ ମୋ ପାଖରେ ହାର୍ ମାନିଯାନ୍ତି
ମୋତେ ଓପାଡ଼ିବାକୁ ଅସମର୍ଥତା ବାଢ଼ନ୍ତି

ମୋ ଚେର ସବୁ ପବନୀୟ-ଖୁବ୍ ଖୋଲା
ଆମନ୍ତୁ ଥାଏ ଅନବରତ ନିଛକ ଆଲୁଅ

ଖୁବ୍ ଶୀଘ୍ର
ପ୍ରତିଟି ଚେର ନିଜ ନିଜ ଚେର ବାଢ଼ି
ତିଆରନ୍ତି ନିଜର ଜଗତ
ବରଗଛ ମୁଁ
ଖୁବ୍ ଆଶ୍ଚର୍ଯ୍ୟଜନକ ॥

ହୃଦୟର ବାୟୋକେମିଷ୍ଟ୍ରି

ମୁଁ ମୋ ହୃଦୟରେ ତାଲା ପକେଇ
ଭୁଲିଗଲି ପାସ୍‌ୱାର୍ଡ଼
ଆଶ୍ଚର୍ଯ୍ୟ !
ତୁମେ କେମିତି ପ୍ରବେଶ କଲ
ଆଟ୍ରିଆ ଓ ଭେଣ୍ଟ୍ରିକଲ ଚାମ୍ବରଗୁଡ଼ିକ
ଅଦଳ ବଦଳ କଲେ କରୋନାରୀ ରକ୍ତ
ଅଦଳ-ବଦଳ ହେଲେ ଆମରି ହୃଦୟ

ଗଭୀରତା କୁହ କି ପ୍ରସ୍ଥ
ଏ ହୃଦୟ ଗୋଟେ ସମୁଦ୍ର

ତୁମେ ମୋତେ କହିଲ
ଦଖଲ କରିବାକୁ କ୍ଷୁଦ୍ର ଏକ ବିନ୍ଦୁ
କିନ୍ତୁ ତୁମେ
ମୋ ହୃଦୟର ଚଉରିଆଡ଼େ ଉଡୁଛ ପ୍ରଜାପତି ପରି
କୌଣସି ଗୋଟିଏ ସ୍ଥାନ ଛାଡୁନାହଁ।

ତାପ ଶକ୍ତି, ପରମାଣୁ ଶକ୍ତି, ଜଳ ବିଦ୍ୟୁତ ଶକ୍ତି...
ଇତ୍ୟାଦି ଇତ୍ୟାଦି ସଭିଙ୍କୁ ଜଣା
ହୃଦୟ-ବିଦ୍ୟୁତ ଶକ୍ତିର ମୁଁ କରୁଛି ଏବେ ଅନୁଭବ

ପ୍ରେମରେ ପ୍ରଶଂସା, ଉପହାର ଆଦି
ଓଦା କରେ ହୃଦୟ
ଶୁଖିଲା ହୃଦୟ ତ ସଦାବେଳେ ବିଶ୍ରାମ ମୁଦ୍ରାରେ

କେବଳ ତୁମ ଲାଗି
ମୋ ଓଜନିଆ ହୃଦୟ
ବର୍ତ୍ତମାନ ପବନେ ଉଡୁଛି ଏଡ଼େ ସହଜରେ

ଗୁରୁଣ୍ଡି ବୁଲୁଛି ତୁମ ନାଁ ମୋରି ଓଠରେ
ଯେହେତୁ ମୁଁ ତୁମ ନାଁ
ବାରବାର ଉଚ୍ଚାରଣ କରେ
ଉପଭୋଗ କରେ
ଅନୁଭବ କରେ

ତୁମ ନାଁ ଅପେକ୍ଷା
ଆଉ କ'ଣ ବା ଏଡ଼େ ମିଠା ହୋଇପାରେ।

ଜଣେ ମହିଳା ଜନ୍ମ ହେବା

ମହିଳାଟେ ଜନ୍ମ ହେବା
ନିଶ୍ଚୟ ଭାବେ ମହାନ୍ ଅନୁତାପ
ତୁମେ କହିନାହଁ କି ?

ସମାଜରେ
ମୋ ସ୍ଥିତି - ଦୁର୍ଦ୍ଦଶା
ପ୍ରକାଶ ଯୋଗ୍ୟ ଅଛି କି ?

ତୁମ ସୀମା ଭିତରେ
ତୁମେ କ'ଣ ବୁଝିବାକୁ ସମର୍ଥ
ମୋ ଦୁଃଖ ସମ୍ବେଦନଶୀଳତାରେ
ହେ ପ୍ରୀୟ !

ତୁମ ଅଗଣାରେ ଦୀପ ହୋଇ ଜାଳିବାକୁ
ମୁଁ ଲକ୍ଷ୍ମୀ ହୋଇ ଆସିବା ଉଚିତ
ପବିତ୍ରତାର କର୍ପୂର ହୋଇ
ତୁମ ପାଦ ତଳେ ଲୋଟିବା ଉଚିତ
ନୁହଁ ?

ମୁଁ ପିନ୍ଧିବା ଉଚିତ୍ !
ଠିକ୍ ଯେମିତି
ବେବୀ ମହାଲକ୍ଷ୍ମୀ ତୁମ ଦୃଷ୍ଟିରେ ସୀମିତ

ମୋ ଉପରେ ପଡୁଥିବା
ଅନ୍ୟ ପୁରୁଷର ଆଖି ଜାଳିପୋଡ଼ି ଭସ୍ମ କରିବାଲାଗି
ମୁଁ ଜ୍ୱଳନ୍ତ ଆଗ୍ନେୟଗିରି ହେବା ଉଚିତ୍

ମା' ଠାରୁ ବି ସ୍ନେହୀ ହୋଇ
ତମକୁ ପରଶିବା ଉଚିତ ଖାଦ୍ୟ
କେବଳ ତୁମର ବଳକା
ମୋ ଲାଗି ଅମୃତ ହେବାକୁ ବାଧ୍ୟ

ଯେବେ ଇଚ୍ଛା ସେବେ
ତୁମେ ମୋତେ କୁକୁର ପରି ପୋଷା ମନେଇପାର
କଣ୍ଢେଇଟେ ପରି
ମୋ ସହ ମନଇଚ୍ଛା ଖେଳିପାର

ତୁମ ଶଯ୍ୟାରେ
ମୁଁ ସହଜରେ ଉପଲବ୍ଧ ହେବା ଦରକାର
ତୁମ ଡାକରେ
ପାଲଟିବା ଦରକାର ବଡ଼ ଭଉଣୀ
ଆଉ ତୁମ ଅଗ୍ରଜଙ୍କ ଲାଗି
ମୁଁ ହେବାକୁ ବାଧ୍ୟ ଠକୁରାଣୀ

ଯେବେ ଯେବେ
ତରଳିଯାଏ ତୁମ ଉତ୍ସାହ
ଅସ୍ପଷ୍ଟ ହୋଇଯାଏ ବୁଦ୍ଧି
ମାର୍ଗଦର୍ଶନ ନିମନ୍ତେ
ମୋତେ ପାଲଟିବାକୁ ମନ୍ତ୍ରୀ

ଯେବେ
ଉଖୁରେଇବାକୁ ପଡ଼େ ତୁମ ପିଠି

ମୋତି ପରି ନଖ ମୋର
ବଦଳିଯାଏ କୋଦାଳରେ
ତୁମ ପାଦ ମାଲିସ ଲାଗି
ମୋ ନରମ ଫୁଲ ପରି ଆଙ୍ଗୁଳିକୁ
ପରିବର୍ତ୍ତିତ ହେବାକୁ ପଡ଼େ ହୃତ ଯନ୍ତ୍ରରେ

ଯେବେ ତୁମ ଶୁଅ
ମୁଁ ଶୌଚାଳୟ ହେବାକୁ ବାଧ୍ୟ
ତୁମ ଦୁଃଖ ସହିବାକୁ
ପଥର ପରି ହେବା ଉଚିତ
ମୋ ପଦ୍ମଫୁଲିଆ ହାତ

ତୁମେ ଯାହା ଯାହା ଭାବ
ମୋତେ ତତ୍‌କ୍ଷଣାତ୍ କରିବାକୁ ହେବ
ସଂକ୍ଷେପରେ କହିବାକୁ ଗଲେ
ମୁଁ ତୁମ ଆଜନ୍ମ ଦାସ

ତୁମେ ଗୋଇଠା ମାରିଲା ବେଳେ ବି
ମୁଁ କୁକୁର ପରି
ତୁମ ପାଦ ଚାଟିବାକୁ ବାଧ୍ୟ
ତୁମେ ମୋତେ ହତ୍ୟା କଲାବେଳେ
ମାତା ପୃଥିବୀ ପରି
ମୁଁ ଗାଇବାକୁ ବାଧ୍ୟ ଧୈର୍ଯ୍ୟର ସଙ୍ଗୀତ

ତୁମ ଲାଗି
ମୁଁ ଅନ୍ୟାନ୍ୟ ଅନେକ ଜିନିଷ ହେବା ଉଚିତ
ତୁମ ମୃତ୍ୟୁ ପରେ
ତୁମ ଦାହର ନିଆଁରେ
ମୋର ଭସ୍ମ ହେବା ଥୟ

ବାସ୍ତବରେ
ତୁମେ କହିଥିବା ଧାଡ଼ି ବିଲକୁଲ୍ ଠିକ୍
- "ମହିଳାଟେ ଜନ୍ମହେବା
ନିଶ୍ଚୟ ଭାବେ ମହାନ୍ ଅନୁତାପ।"

ପରିଚୟ

ମୁଁ ତାଙ୍କୁ ଢେର୍ ଦିନରୁ ଜାଣିଛି
ସେ ହୋଇପାରନ୍ତି ତୁମ ରାଜା
ତୁମେ ଦେଖିପାରିବ ତାଙ୍କୁ
ତୁମ ଆସିବା ବାଟକୁ ଚାହିଁ ରହିଥିବାର
ତୁମ ଝଲକଟେ ଲାଗି ଅପେକ୍ଷା କରିଥିବାର

ତୁମେ ତାଙ୍କୁ ଦେଖିପାରିବ
ତୁମ ଦୁଆର ମୁହଁରେ
ଯେବେ ତୁମେ
ଘର ଭିତରକୁ ପ୍ରବେଶ କରିବ

ତୁମେ ତାଙ୍କୁ
କବାଟ ପଛରେ ବି ଦେଖିପାରିବ
ସେ ତୁମକୁ କୋଳେଇ ନେବାକୁ
ଓ
ଚୁମ୍ବନଟେ ଦେବାକୁ ପ୍ରସ୍ତୁତ ଥିବେ

ଯେବେ ତୁମ ଓଠ
ପାଣି ଗିଲାସରୁ ଢୋକେ ପିଇବାକୁ ଯାଉଥିବ
ତୁମେ ତାଙ୍କୁ ଦେଖିପାରିବ

ତୁମକୁ ଖୁଆଇ ଦେବାକୁ
ସେ ଥିବେ ଭୋଜନ ନିକଟରେ
ତୁମକୁ ବାହାରକୁ ନେବା ଲାଗି
ଛତାଟେ ସହ ସେ ପ୍ରସ୍ତୁତ ଥିବେ

ଘନ ଅନ୍ଧକାରରେ ବି
ସେ ଅନୁସରଣ କରୁଥିବେ ତୁମକୁ
ଯେଉଁଠି ତୁମ ଛାୟା ବି ନଥିବ

କୌଣସି ବି କାରଣରୁ
ତୁମେ ତାଙ୍କୁ ନିଜଠୁ ଦୂରକୁ
ପଠେଇ ପାରିବ କି ?

ମୋ ପ୍ରେମ

ତୁମେ ବୁନ୍ଦାଏ ପ୍ରେମ ନୁହଁ
ପ୍ରେମର ସମୁଦ୍ର

ହେ ମୋର ଅମୃତ
ତୁମ ବିନା
କୌଣସି ରାଣୀତ୍ୱ
କୌଣସି ଧନସମ୍ପତ୍ତି
ପୃଥିବୀରେ କରିପାରିବନି କୁହୁକ
ତୁମେ କେତେ ଯେ ମୂଲ୍ୟବାନ
ମୁଁ ମାପିବାକୁ ଅସମର୍ଥ

ତୁମେ ମୋ ଆତ୍ମାର ଅଭିପ୍ସା
ମୁଁ ତୁମକୁ ଭଲପାଏ
ତୁମକୁ ମୁଁ ଭଲପାଏ ପ୍ରିୟ

ହେ ମୋର ଅଦ୍ଭୁତ ବିଶ୍ୱଫୁଲ !
ଅନନ୍ୟ ମହୁ-ସମୁଦ୍ର !
ତୁମ ଉପରେ ନିର୍ଭରଶୀଳ
ଏଇ ମହୁମାଛି ଉପଭୋଗ କରିଛି
ତୁମର କେବଳ ଟିକିଏ ହିଁ ସ୍ୱାଦ
ମୋତେ କହ
ଏହା କିପରି ପୂର୍ଣ୍ଣ ହେବ

ଆମେ ଏକାକାର ହେଲେ ତ
ତିଆରି ହେଲା ଏକ କ୍ଷେପଣାସ୍ତ୍ର
ଯାହା ନିଷ୍କ୍ରିୟ
ଏହାର ଉଦ୍‌ଘାଟନ ଲାଗି
ଅପେକ୍ଷା ଉତ୍ତମ ମୁହୂର୍ତ୍ତର

କଳ୍ପନାର ଆତସବାଜି ପରି
ଏହା ଆଦ୍ର ହେବନାହିଁ
ତୁମ ଓଠର ଦୁଇପାଖୁଡ଼ା ଭିତରେ
ମୁଁ ଅନୁଭବ କରିପାରୁଛି ମୃଦୁ ମୃଦୁ ହସ
ଯାହା ଗୋଲାପଟେ ପରି
ପାଖୁଡ଼ା ମେଲିବାକୁ ପ୍ରସ୍ତୁତ

ଏଇ ମୁହୂର୍ତ୍ତକୁ ରୋକିଦିଅ ଏଇଠି
ମୁଁ ସଦାସର୍ବଦା
ଅନୁଭବିବାକୁ ଚାହେଁ ସୌନ୍ଦର୍ଯ୍ୟ

ତୁମ ଶାନ୍ତ ସ୍ନିଗ୍ଧ ଛବିରେ
ମୁଁ ଅନୁଭବୁଛି ତୁମ ପ୍ରେମ ଆଉ ଧୈର୍ଯ୍ୟ

ଉଚ୍ଚତାରେ ନମ୍ରତା
ଶୋଭାରେ ନମ୍ରତା ହିଁ ସବୁକିଛି
ଏହାହିଁ ଅନନ୍ତ

ତୁମେ ମୋତେ ପାଣି ଦେଲ
ନିଜେ ଟୋପେ ବି ପିଇଲ ନାହିଁ
ତୁମେ ମୋତେ ସର୍ବୋତ୍ତମ ଫଳ ଦେଲ
ନିଜେ ଟିକେ ବି ଚାଖିଲ ନାହିଁ

ତୁମେ ମୋତେ ବାସ୍ନାୟିତ କଲ
କେବେ ବି ବାସ୍ନାରେ ବୁଡ଼ିଗଲ ନାହିଁ

ମୁଁ ତୁମ ହାତର ମାଟି
ତୁମେ ହିଁ କେବଳ ଗଢ଼ିପାର ମୋତେ
ଦେଇପାର ଉଚିତ ଆକାର-ପ୍ରକାର
ସମୟରୁ ସମୟ ପର୍ଯ୍ୟନ୍ତ

ଆଇନ୍ ଅଦାଲତରେ
ମୁଁ ଘଣ୍ଟା ଘଣ୍ଟା ଯୁକ୍ତି ତର୍କ କରେ
ବେଶୀ ନହେଲେ ନାହିଁ
କେବେ ବି ତୁମ ସହ
ମୋତେ ଯୁକ୍ତି କରିବାକୁ ଉତ୍ସାହ ନାହିଁ
କୋର୍ଟ-କଚେରୀ ବାହାରେ
ବନ୍ଧୁତ୍ୱପୂର୍ଣ୍ଣ ସମାଧାନ ସର୍ବଦା ସର୍ବୋତ୍ତମ

ତୁମର ନିଃସର୍ତ୍ତ ପ୍ରେମ ଲାଗି
ମୁଁ ତୁମକୁ ଭଲପାଏ
ମୁଁ ତୁମ ଭିତରେ ପାଇଛି
ପ୍ରେମ ଓ ଶାନ୍ତି
ତୁମ ସାଥିରେ ଅଛି
ସୀମାହୀନ ସୁଖର ଅନୁରକ୍ତି

ତୁମ ଯତ୍ନ, ଚିନ୍ତା ସବୁଦିନ ସ୍ଥିର
ନିରନ୍ତରତା ଓ ପ୍ରଶଂସା ଖୁବ୍ ବ୍ୟାପକ
ବିନା ଦ୍ୱନ୍ଦରେ ଦ୍ୱିଧାରେ
ମୋ ହୃଦୟ ବହିଯାଉଛି ତୁମରି ଆଡ଼କୁ
ପ୍ରେମର ସ୍ରୋତ ସତରେ ମହାନ୍

ତୁମ ପ୍ରେମ ନଦୀର ଢେଉରେ
ମୁଁ ଓଦା ଓଦା
ଶୀତର କାକର ସୁଅରେ
ମୁଁ ତରଳି ଯାଉଛି
ତୁମ ବାଦ୍ୟଯନ୍ତ୍ରର ସଙ୍ଗୀତ
ଅଜାଣତେ ମୋ ଆତ୍ମା ବିଦ୍ଧ କରୁଛି

ଏହା ମୋତେ
ବୁଡ଼ଉଛି ଗଭୀର ସମୁଦ୍ରରେ
ପୁଣି ଉଡ଼ଉଛି ଆକାଶରେ

ଯେହେତୁ ସଙ୍ଗୀତର
କୌଣସି ଭାଷା ନାହିଁ
ସୀମା ନାହିଁ
ବନ୍ଧନ ନାହିଁ
ଆମ ପ୍ରେମର ସମୁଦ୍ରରେ
ଲୟବଦ୍ଧ ଗତିରେ
ଦେଖ ଜୁଆର ଉଠିଛି

ସବୁ ଜୁଆର ଊର୍ଦ୍ଧ୍ୱରେ
ଗଭୀର ସମୁଦ୍ରରେ ବୁଡ଼ ପକେଇ
ବିରଳ-ଅନନ୍ୟ ମୋତି
ହାସିଲ କରାଯାଇପାରେ

ଗୋଟିଏ ଦିନରେ ଫୁଟନ୍ତି
କୋଟି କୋଟି ଫୁଲ
ଗୋଟିଏ ଏବଂ କେବଳ ଗୋଟିଏ
ମୋ ସହ ମୋର ସାଥିରେ

ତୁମେ ହିଁ ତ
ମୋ ପାଦ ଲାଗି
ଅନ୍ଧାରୁଆ ଜଙ୍ଗଲକୁ କରିଛ ଉଜ୍ଜ୍ୱଳ ଫୁଲଶଯ୍ୟା
ତୁମ ପର୍ଯ୍ୟନ୍ତ ରାସ୍ତାର ଅନ୍ତ କାହିଁ ?

ମୁଁ ମୋ ପୁରୁଣା ପତ୍ରକୁ ଝାଡ଼ିଝୁଡ଼ି
ସଜେଇ ହୋଇଛି ନୂଆ ଡାଳପତ୍ରରେ
ସତେଜତାରେ ନବୀନତାରେ
ତୁମେ କିନ୍ତୁ ଚୀର ଯୌବନା
ଚୀର ସବୁଜ
ତୁମ ପ୍ରେମ ଚମତ୍କାର
ଆକାଶ ଠୁ ଉଚ୍ଚ
ସମୁଦ୍ର ଠୁ ଗଭୀର
ବ୍ରହ୍ମାଣ୍ଡ ଠୁ ବିସ୍ତୃତ

ମୋ କଲମ
ଖଣ୍ଡେ ମୟୂରଚୂଳ
ସବୁଦିନ ଲାଗି
ତାର ତୁମ ଉପରେ ନଜର
ସେ ସଦା ଗତିଶୀଳ
ଧୀରେ ଧୀରେ କୋମଳତାର ସହ
ତୁମକୁ ଛୁଇଁ
ସେ କରିଦେବାକୁ ସମର୍ଥ
ଧାରେ ସୁଖଦାୟକ ଆଲୁଅ ॥

ମୋ ଲାଗି କୌଣସି ଟ୍ୟାଗ୍ ନାହିଁ

ମୋ ଲାଗି କୌଣସି ଟ୍ୟାଗ୍ ନାହିଁ
ଯେହେତୁ ପ୍ରତ୍ୟୟ ଭାବେ ହେଉ
ଅବା ଉପସର୍ଗ ଭାବେ
ମୁଁ କଦାପି ଟ୍ୟାଗ୍ ପସନ୍ଦ କରେ ନାହିଁ

ମୋର ନାଁ ଚିହ୍ନିବା ଲାଗି ପ୍ରଯୁଜ୍ୟ
ସୌନ୍ଦର୍ଯ୍ୟକରଣ ଲାଗି କେବେବି ନୁହେଁ

ଭାରତୀୟ ପିତାମାତାଙ୍କ କୋଳରେ ଜନ୍ମିବା
ନାପସନ୍ଦ ମୋର
ଯେ ଯାଏ ପ୍ରଦାନ କରାଯାଉଛି
ଏକ ଦେୟମୁକ୍ତ ସର୍ବଭାରତୀୟ, ଭିସା
ମୋତେ ଏଠି ରହିବାକୁ ବାଧ

ମୋର କୌଣସି ଧର୍ମ ନାହିଁ
ଆଧ୍ୟାତ୍ମିକତା ଉପରେ ମୋର ଘୋର ବିଶ୍ୱାସ
ମୁଁ କୌଣସି ନିର୍ଦ୍ଦିଷ୍ଟ ଜାତିର ନୁହେଁ
ମୁଁ ସବୁବେଳେ ମଣିଷ ଅର୍ନ୍ତଭୁକ୍ତ

ଗହମ ରଙ୍ଗ, ମହୁଆ ବାଦାମୀ ରଙ୍ଗ
ଅବା
ଖରାରେ ପାଲଟିଥିବା କଳାରଙ୍ଗ

କିଛି ଫରକ୍ ପଡ଼େନା ଏଥିରୁ
କୌଣସି ଧର୍ମ-ଜାତି-ବର୍ଣ୍ଣ
ମୋତେ ଜାବୁଡ଼ି ଧରେନା

ରାଜନୈତିକ ମାନଚିତ୍ରର ସୀମା
ପ୍ରାୟତଃ ବଦଳିଯାଏ ବଦଳିଲେ ଶକ୍ତି
ପ୍ରକୃତିର ଭୂମି ଓ ସମୁଦ୍ରକୁ
ମୁଁ ଭୂମିଷ୍ଠ ପ୍ରଣାମ ସହ ଗ୍ରହଣ କରିଛି

ଭେଦଭାବର ବିଲୋପ ଲାଗି
ମିଛଟାରେ ଚିତ୍କାର କରନ୍ତି ଆପଣ
ହେଲେ ହୃଦୟ ଓ ମନରେ
ସାଇତି ରଖନ୍ତି ଦୁନିଆ ଯାକର ଭେଦଭାବ

ଓଠ ତ କହୁଛି କେବଳ
ଲୁକ୍କାୟିତ କଥା ପୂଜା ପାଉଛି ମନରେ
ଲୁଚି ରହିଛି ରକ୍ତରେ- ହୃଦସ୍ପନ୍ଦନରେ

ଅଶୁଦ୍ଧତାର ବିରୋଧରେ
ସହସ୍ର ବର୍ଷ ଗଡ଼ିଗଲା ପରେ ମଧ
ଉଦ୍‌ବେଗଜନକ ଭାବରେ
ବୃଦ୍ଧିପାଇଛି ଅଶୁଦ୍ଧତାର ଘନତା

ସମସ୍ତ ବିରୋଧ ସନ୍ତୁଷ୍ଟି ପାଇଁ
ନିଜ ଆଗ୍ରହ ଓ ମୁକ୍ତି ପାଇଁ
ଏଯାଏଁ ଗୌରବାନ୍ୱିତ ହୋଇପାରିନାହିଁ
ସମ୍ମାନ, ସମାନତା କିମ୍ବା ମାନବିକତା

ମା'ର ଶବ୍ଦ
ଭ୍ରମଣ କରୁଛି ବିଶ୍ୱ ବ୍ରହ୍ମାଣ୍ଡରେ
ସେମାନଙ୍କୁ ସ୍ପର୍ଶ କରୁଛି
ଯେଉଁମାନେ ଭଲ ପାଆନ୍ତି ମୋତେ
ତଉଲନ୍ତି ପ୍ରେମକୁ ପ୍ରେମ-ଆଲୋକରେ ॥

ତୁମେ

ମୋ ମନ ଓ ଆତ୍ମାରେ
ତୁମେ ବସନ୍ତ ଆଣ
ତୁମ ଅନ୍ତରଙ୍ଗ ସୁଗନ୍ଧରେ
ମୋ ହୃଦୟର ତାଲା ଖୋଲ

ଯେହେତୁ ତୁମ ପ୍ରେମ ଅସୀମ
ମୋ କବିତା ସୀମାହୀନ
ଲକ୍ଷାଧିକ ତାରାରେ
ଚିକ୍‌ଚିକ୍ ମୋ ଆକାଶ

ଯେହେତୁ ମୁଁ ଶାନ୍ତ-ସହଜ
ହସିବା ଲାଗି
ମୋ ପାଖେ ଢେର୍ କାରଣ
ପ୍ରତିଦିନ ଭୋର୍‌ରୁ ରାତି ପର୍ଯ୍ୟନ୍ତ
ସଭିଏଁ ମୋ ପ୍ରତି ସମର୍ପିତ

ମୁଁ ରଖିପାରିବି କି
ମଲ୍ଲୀର ଲୋଭନୀୟ ସୁଗନ୍ଧ
ଗୋଟେ ବୋତଲରେ ?
ତୁମ ପ୍ରେମ ଲୁଚେଇବାକୁ
ମୁଁ ଅସମର୍ଥ

ମୋ ପ୍ରାଣ
    ତୁମ ପଦେ କଥା ଲାଗି ଅପେକ୍ଷାରତ
ତୁମ ସ୍ୱରରେ ହିଁ ମେଣ୍ଟେ
    ମୋର ଶେଷହୀନ ଶୋଷ

କ୍ଷତିରୁ ଶିକ୍ଷା ନିଅ
    ପ୍ରେରଣା ଦିଅ ସଫଳତାର
ମନେରଖ !
    ପରାଜୟ ପରେ ପୁନରୁତ୍ଥାନ ସମ୍ଭବ

ଆସ !
ତୁମେ ଅନୁବାଦ କର ମୋ ହୃଦୟ-ସ୍ପନ୍ଦନ
ଆଉ
ସେ ସଭିଙ୍କୁ କବିତାର ପଂକ୍ତି କର

ତୁମ ମନ ଅନୁଭବେ
    ମୋ ଭାବନା
ତୁମ ଓଠରେ ଆନନ୍ଦିତ ହୁଏ
    ମୋ ଅଭିଯୋଗ

ଆଉ ଏଠି
ଉଲ୍ଲେଖ କରିବାକୁ କ'ଣ ବା ନାହିଁ
ଶବ୍ଦମାନ ହୋଇପାରେ ଛୋଟ-ସରଳ
ହେଲେ ସେମାନଙ୍କ ଆଲୋକ ଶେଷହୀନ, ଅସୀମ

ଓଠର ସ୍ପର୍ଶିବାକୁ ଇଚ୍ଛା
ନରମ ଗୋଲାପ ଫୁଲ
ନାକ ଆଘ୍ରାଣିବାକୁ ଚେଷ୍ଟିତ
    ଅନ୍ତରଙ୍ଗ ସୁଗନ୍ଧ

ଜିଭ ଲମ୍ବି ଲମ୍ବି ଯାଏ
    ଘଟିବାକୁ ମହୁ-ବୁନ୍ଦ

ମୁଁ ତୁମକୁ କହିଲି
    ମୁଁ ଯନ୍ତ୍ରଣାରେ ସିକ୍ତ
ତୁମେ କଦାପି ଏହାକୁ ଘା' ହେବାକୁ ଦିଅନାହିଁ
ତୁମ ପ୍ରେମରେ
    ତରଳେଇ ଏହାର ନିଷ୍କାସନ କର

ଯଦିଓ ବେଶ୍ ଓଜନିଆ
ତଥାପି ତୁମେ ପରସ୍ତ ପରସ୍ତ ମୋ ଯନ୍ତ୍ରଣା ପିନ୍ଧି ନିଅ
କାରଣ ଯନ୍ତ୍ରଣା ହିଁ ଆମକୁ ଆଣେ ଲାଭ।

ନିଆଁ ଧାସରେ ଫୁଲ

ସେମାନଙ୍କ ପାପୁଲିରେ
    ଲୁଚିରହିଛି ଅବହେଳିତ ଭବିଷ୍ୟତ
ସେମାନଙ୍କ କୋମଳ ଆଙ୍ଗୁଠି
    ଉଠାଉଛନ୍ତି ଭିକ ମାଗିବାକୁ ପାତ୍ର

ଝିଅମାନଙ୍କୁ
ବାରଣ କରନ୍ତି ମାତାପିତା
ଯେକୌଣସି ସ୍ଥାନକୁ ଯିବାକୁ
ମହିଳାଙ୍କ ଗର୍ବ-ଗୌରବ ବଖାଣି
ମୁହଁ ଓ ଶରୀର ଢାଙ୍କିବାକୁ ପରାମର୍ଶନ୍ତି
ହେଲେ
ଚାକରାଣୀ ହେବାକୁ ନିଦ୍ୱନ୍ଦ୍ୱରେ
ପଠାଇ ଦିଅନ୍ତି ଝିଅକୁ

ଦାରିଦ୍ର୍ୟର ଅହଂକାରରେ
ଟୁକୁରା ଟୁକୁରା
ଅସହାୟ ଗରିବ ଜୀବନ

ସେଇ ଯୌବନଯୁକ୍ତ ଫୁଲଗୁଡ଼ିକୁ
ଫୋପାଡ଼ି ଦିଆଯାଏ ଧନୀ-ଅଗଣାରେ
ରାସ୍ତାରେ ପଡ଼ିଥିବା ଶ୍ରମିକଙ୍କ ବଂଶଜ ସହ
ନ୍ୟାୟର ଗଳା ବି ରୁଦ୍ଧ ହୋଇଯାଏ

ଆଶ୍ଚର୍ଯ୍ୟ !
ମା ମାନେ କେମିତି ପିଲାମାନଙ୍କୁ
ଘୋର ବିପଦକୁ ଠେଲି ଦିଅନ୍ତି
ଚାଖଣ୍ଡେ ପେଟର ଦାୟରେ
ସତରେ କ'ଣ କେହି ଦି'ପଇସା ଦେଇଦିଏ
କାହାକୁ ବିନା ସ୍ୱାର୍ଥରେ ବିନା କାରଣରେ ?

ଏସବୁ ଭାଗ୍ୟର ଦୋଷ ନୁହେଁ
ବରଂ ମାନବୀୟ ବର୍ବରତା
ସ୍ଥାନୀୟ କର୍ତ୍ତୃପକ୍ଷଙ୍କ ଖେଳ
ଦେଖୁନ !
ଆଜିକାଲି କେମିତି
ବଦଳି ଯାଇଛି ଶିକ୍ଷା
ଲାଭଜନକ ବେପାରରେ

ଯେଉଁମାନେ
ବର୍ଣ୍ଣମାଳା ଶିଖିଥା'ନ୍ତେ ସକାଳେ
ସେମାନେ ଆଉଟି ହେଉଛନ୍ତି
ଦୁଃଖର କର୍ମଶାଳାରେ

ଯେଉଁ କଅଁଳିଆ ହାତ
ଆଣିପାରିଥା'ନ୍ତା କ୍ରୀଡ଼ାକ୍ଷେତ୍ରରେ ଗୌରବ
ସିଏ ଅଳିଆ-ଆବର୍ଜନାରେ ପଶି
କଠିନ ପରିଶ୍ରମ କରେ

ସେ ସୁନ୍ଦର ଆଙ୍ଗୁଠି
ଯିଏ ତୁଳି ଧରି
ରଙ୍ଗେଇଥା'ନ୍ତେ ଚିନ୍ତାଧାରା
ଇନ୍ଦ୍ରଧନୁର ରଙ୍ଗରେ

ବ୍ୟସ୍ତ ଏବେ
ଜୋତାକୁ ଘଷି ଘଷି ଚିକ୍‌ଚିକ୍ କରିବାରେ

ଚନ୍ଦନକାଠ ନିଆଁରେ ହୁହୁ ଜଳିବା ପରି
ନୂଆ ହସ ସହ
ଫୁଟିବାକୁ ଥିବା ଫୁଲ
କଏଦ ଏବେ ଗନ୍ଧକ ଗୋଦାମରେ

ଦିଆସିଲି କାଠିର ଘର୍ଷଣରେ
ଖସିପଡ଼ିଥିବା ବିନ୍ଦୁଏ ଆଲୁଅ ପଛରେ
ସେମାନେ ବିଳାପ କରୁଛନ୍ତି
ଯେମିତି କରେ ଛୋଟ ପକ୍ଷୀଟିଏ
ପଡ଼ିଗଲେ ଅନ୍ଧାରୀ ଗର୍ତ୍ତରେ

କଳ୍ପନାର ବାଣ ସବୁ
ସିଞ୍ଚିଦିଏ କ୍ଷଣିକ ଆଲୁଅ
କିନ୍ତୁ ବିଦ୍ୟାଳୟରୁ ବଞ୍ଚିତ
ପ୍ରଜାପତିଙ୍କ ନୀରବ ଶବ୍ଦ
କାନରେ ପ୍ରତିଧ୍ୱନିତ ହୁଏ କ୍ଷଣ କ୍ଷଣ

ଫୁଟନ୍ତା ଫୁଲର ପାଖୁଡ଼ା
ଝାସ ଦେଉଛି ଅଗ୍ନି ବଳୟରେ

ସେମାନଙ୍କ ଆଖିରେ ଲାଖିଥିବା
ବସନ୍ତର ସ୍ୱପ୍ନ
ଏବେ ଧୂଆଁ ସହ ଧୂଆଁ

ଯାଅ !
ଦୋଷୀମାନଙ୍କୁ ଚିହ୍ନଟ କର
ସେମାନଙ୍କୁ ଖୋଜି ଆଣ ॥

ପ୍ରେମ ହିଁ ଈଶ୍ୱର

ଆମ ସନ୍ଦେହକୁ ବି ଆମର ଭୟ
ସତରେ ଏହା ଅଛି କି ନାହିଁର ଦ୍ୱନ୍ଦ
କାରଣ ଏହାର ଝଲକଟେ
ପାଇବା ବଡ଼ ଅସହଜ

ଯେହେତୁ ବିଶ୍ୱ ବ୍ରହ୍ମାଣ୍ଡରେ
ଘୁରିବାର ଅଛି ଆମକୁ
    ତରଳିବାର ଅଛି
ଯେହେତୁ ଆମେ ବଞ୍ଚିତ ଆଉ ଉନ୍ମାଦପୂର୍ଣ୍ଣ

ଯେହେତୁ ଆମ ପ୍ରାର୍ଥନା ଅବହେଳିତ
    ବାରବାର ପରୀକ୍ଷଣର ସମ୍ମୁଖୀନ
ଯେହେତୁ ଉପବାସ କରି
    ଆମକୁ ହରେଇବାର ଅଛି ନିଦ
    ଆଉ
    ରହିବାର ଅଛି କ୍ଷଣ-କ୍ଷଣ ଜାଗ୍ରତ

ଯେହେତୁ ଅପେକ୍ଷାର ଆମେ
    ଅଜ୍ଞାନୀ-ପାଗଳ
ଯେହେତୁ ଆମେ ହିଁ ଆମ୍ଭୁଡୁଛୁ-କାମୁଡୁଛୁ
        ଆମର ମୁଣ୍ଡ

ଯେହେତୁ ବରଦାନରେ
                  ଆମକୁ ଅନୁଗ୍ରହ ପ୍ରାପ୍ତ
ଆଉ
ଆଖିରେ ପହଁରୁଥାଏ ତାଙ୍କରି ସ୍ୱପ୍ନ

ଶୁଣିନ କି ?
"ଯେଉଁମାନେ ବିଶ୍ୱାସ କରନ୍ତି
        ସେଇମାନେ ପୁରସ୍କୃତ ।"
ଏମିତିକା ଅଭୟାରଣ୍ୟରେ
            ସଭିଏଁ ସମାନ
ପ୍ରେମ ହିଁ ଅତିକ୍ରମି ପାରେ ସବୁ ଭେଦଭାବ
ଅତଏବ "ପ୍ରେମ ହିଁ ଈଶ୍ୱର" ॥

ମୁଁ ତୁମକୁ ଆଦର କରେ

'ମୁଁ କହିଲି'
ଜଳଭଣ୍ଡାର ପରି
ମୋ ଆଖିରେ ବନ୍ୟା

ତୁମେ
ସମ୍ପୂର୍ଣ୍ଣ ଭାବେ ନିଷ୍କାସିତ କରିଦେଲ ଜଳ
ତୁମ ଆଙ୍ଗୁଳି
ଜଳନିକାସ ଇଞ୍ଜିନିୟରିଂ କୌଶଳରେ ଉତ୍କୃଷ୍ଟ

ମୁଁ କହିଲି
ମୋ ଦେହ ଭିତରେ
ନାନା ପ୍ରକାର କ୍ଷତର ସହର

ହଠାତ୍
ତୁମେ ତୁମ ଓଠକୁ ଷ୍ଟେଥୋସ୍କୋପ୍ କରି
ପରୀକ୍ଷା ନିରୀକ୍ଷା କଲ
ଶେଷହେଲା ଶାରୀରିକ ଯନ୍ତ୍ରଣାର ଗହଳ-ଚହଳ

ମୁଁ ତୁମସହ ବାଣ୍ଟି ବସିଲି
ମୁଁ ଭେଟିଥିବା ସମସ୍ତ ମକଦ୍ଦମା

ତୁମେ ଆଇନଜୀବୀ ପରି
ମୋତେ ଗ୍ରାହକ ଭାବରେ ଗ୍ରହଣ କରି
ମୋ ପଟ ନେଲ
ଏବେ ମାନସିକ ଚାପରୁ
    ମୁଁ ପୂରାପୂରି ମୁକ୍ତ

ମୁଁ ଖୋଲିଦେଲି
ସଭିଙ୍କ ଛାଇଠୁ
ମୋତେ ସୁରକ୍ଷିତ ରଖିଥିବା
ମୋ ହୃଦୟ

ତୁମ ଆଖିର ସୂକ୍ଷ୍ମ ନାଳିକା
    ଟାଣିନେଲା ମୋ ହୃଦୟ
କ'ଣ ତୁମେ କରିଦେଲଣି
    ତୁମର ଯେତେ ପରୀକ୍ଷଣ ?

    ମୋତେ ଦୟାକରି କୁହ
    କେମିତି ଲାଗିଲା ଆମ ଦୁହିଁଙ୍କର ମେଳ ?
    ନିଅ ! ଅଜସ୍ର ଶୁଭକାମନା ନିଅ !

ଚଳନ୍ତି ଶ୍ରୀକ୍ଷେତ୍ର

ଗର୍ଭସ୍ଥ ଶିଶୁକୁ ନେଇ
ଅର୍ନ୍ନ୍ୟାପି ଚନ୍ଦ୍ରିଳ ସ୍ୱପ୍ନରେ
ସେ ବିତାଏ ଦଶମାସର ଦିନ ଆଉ ରାତି
ହୁ ହୁ ଜଳୁଥାଏ ଗର୍ଭ-ଯନ୍ତ୍ରଣାର ବାତି

ଉତ୍ସାହ ଓ କୋମଳତାରେ
ସେ ତୁମକୁ ସ୍ପର୍ଶ କରେ ଓଦା କରେ
ତୁମେ ଲାଲ୍ ହୋଇଯାଅ

ଏଇ କୁଆଁରୀ ଦେଶରେ
ଲକ୍ଷ ଲକ୍ଷ ମଞ୍ଜି ବୁଣାହୁଏ
ସେ କିନ୍ତୁ ଚୟନ କରେ
ତା' ବିରଳ ପସନ୍ଦରେ
ତାକୁ ଅଙ୍କୁରିତ କରି ବଢ଼େଇ
ଉଜ୍ଜ୍ୱଳତମ ଫୁଲ କରିବାରେ
ଲଗେଇଦିଏ ସମଗ୍ର ଶକ୍ତି

ଥକାପଣ, ମୁଣ୍ଡ ବୁଲେଇବା
ଗନ୍ଧ-ସ୍ୱାଦ ପ୍ରତି ତୀବ୍ର ସମ୍ବେଦନଶୀଳତା
ଖାଦ୍ୟ ପ୍ରତି ଘୃଣା-ବାନ୍ତି
ପେଟ ଫୁଲିବା... ଆଦି

ସମସ୍ତ ଅସୁବିଧା
ଗର୍ଭଧାରଣ - ଶୃଙ୍ଖଳରେ
ସେ ଭୋଗୁଥାଏ

ମାତୃତ୍ୱ
ଏକ ଅନନ୍ୟ ଶ୍ରୀକ୍ଷେତ୍ର
ଯେଉଁଠି ବୁଲାବୁଲି କରି
କ୍ଷଣିକରେ ଫେରିହୁଏ ନାହିଁ
ଗର୍ଭଧାରଣ ବିଷୟରେ ଭାବିବା ମାତ୍ରକେ
ସେଠି ଚିରକାଳ ରହିବାକୁ ହୁଏ ॥

ତୁମେ ପୃଥିବୀର ଯୋଗ୍ୟ

ଦିନ ମୂଲ୍ୟବାନ
କାରଣ ତୁମେ ଯୋଗ୍ୟ
ଯୋଗ୍ୟତାର ସହ
ଶ୍ରମର ପହିଲି ପାହାଚକୁ
ତୁମେ ଅଭିବାଦନ କର
ଖାଦ୍ୟ ଓ ଜୀବନ୍ତ ଦ୍ରବ୍ୟରେ
କେବଳ ତୁମେ ହିଁ
ଏ ପୃଥିବୀକୁ ଅନୁଗ୍ରହ କର

ମୁଁ, ନମସ୍କାର କରିବାକୁ ହାତ ଯୋଡ଼େ
ହାତ ମିଳେଇବାକୁ ହାତ ବଢ଼ାଏ
ତୁମେ ତ ପୃଥିବୀର ମୂଲ୍ୟ

ଖରାର ମେଖଳା
ସବୁଜ କ୍ଲୋରୋଫିଲ୍
ଫସଲ ପାଇଁ ପୋଷାକ... ଏ ସବୁକିଛି ଲାଗି
ଚାଲ ! କୃଷକ ଦିବସରେ
ସୂର୍ଯ୍ୟଙ୍କୁ ଅର୍ପଣ କରିବା ଧନ୍ୟବାଦ

ଲଙ୍ଗଳ ମୁନରେ ହଳ କରି
ମାଟିକୁ ମସୃଣ କରେ କୃଷକ

ମାଟିର ବାସ୍ନା ହିଁ
କୃଷକ ଲାଗି ଅତର

ଫୁଲଙ୍କ ମେଳରେ ଆସେ
ବସନ୍ତର ପର୍ବ
ଯେମିତି ସେ ପାଳିବାକୁ ତତ୍ପର
ଋଷୀଙ୍କ ଉତ୍ସବ

କୃଷକଙ୍କ ଗର୍ବ-
    ବଡ଼ ଆଶ୍ଚର୍ଯ୍ୟଜନକ
ଗାଈଗୋରୁ ଛେଳି ମେଣ୍ଢା ଲାଗି
ସେ ହିଁ କରିପାରନ୍ତି ବାର୍ଷିକ ଭୋଜି ଆୟୋଜନ

ମହିଳାମାନଙ୍କୁ ଉଥୁଲପୁଥଲ କଲେ
ଖାଲିପେଟର ଥକ୍କାପଣ
ସେମାନେ ଖାଦ୍ୟ ଅନ୍ୱେଷଣରେ
ଦଉଡ଼ି ଯା'ନ୍ତି କ୍ଷେତକୁ

ହୃଦୟରେ ପ୍ରେମର ଦୀପ ଜଳେଇ
ପ୍ରତିଥର ସେମାନେ ଘୋଷଣା କରନ୍ତି
    ଚାଷ ଏକ ଅନନ୍ୟ ଆନନ୍ଦ

ରାସାୟନିକ ଲୁଣ ବଦଳରେ
ନିଜର ଝାଳ-ଲାଳ ସିଞ୍ଚି
ପୃଥିବୀକୁ ଜୀବନ ଦିଏ କୃଷକ

ଫସଲରେ ଜଳ ସିଞ୍ଚନ ଲାଗି
କୋଦାଳ ସହ କୋଦାଳ
ନାଳି ସହ ନାଳି

ପାଣି ସହ ପାଣି
ପାଲଟିଯାଏ କୃଷକ

କ୍ଳାନ୍ତ ମନ-ପ୍ରାଣଠୁ ବି କ୍ଷତବିକ୍ଷତ
ବେଳେବେଳେ
ରକ୍ତସ୍ରାବ କରୁଥିବା ରକ୍ତ ନୁହେଁ କି ?
ଯାହା ଜଳ ସହ ଏକତ୍ର ପ୍ରବାହିତ

ଜମିର ମାଲିକାନା ସୁନିଶ୍ଚିତ କରିବାକୁ
ଚାଲ ।
କୃଷକମାନଙ୍କ ଉଦ୍ଦେଶ୍ୟରେ ଢାଳିଦେବା
ଅଜସ୍ର ସମ୍ମାନ ॥

ମୋ କବିତା

ମୋ କବିତା
ନ ହୋଇପାରେ ସୂର୍ଯ୍ୟ ପରି ଉଜ୍ଜ୍ୱଳ
କିନ୍ତୁ ଭ୍ରମୁଥାଏ ରାସ୍ତାରୁ ରାସ୍ତା
ଯେବେ ଘେରିଥାଏ ଘୋର ଅନ୍ଧାର
କୌଣସି କର୍ତ୍ତୃପକ୍ଷଙ୍କ ଦ୍ୱାରା ନୁହେଁ
ବରଂ ନିଜ ଆଲୋକରେ ସେ ନିଜେ ଆଲୋକିତ

ମୋ କବିତା
ବଦଳି ନ ପାରେ ମେଘରେ
ନ ଆଣିପାରେ ବର୍ଷା
ନ ଭରିପାରେ ଟାଙ୍କି
କିନ୍ତୁ ତୃଷାର୍ତ୍ତ ବୁଲ୍‌ବୁଲ୍‌ର ମେଣ୍ଟେଇପାରେ ତୃଷା
ଭିଜେଇ ଦେଇପାରେ ଶୁଖିଲା ଜିଭ ।

ମୋ କବିତା
ଲକ୍ଷ ଲକ୍ଷ ବହୁମୁଖୀ ଫୁଲର
ନ ହୋଇପାରେ ବଗିଚା
କିନ୍ତୁ ପଥଚାରୀଙ୍କ ହୃଦୟରେ
ଫଗୁଣର ଫଗୁ ମାଖିବାକୁ ସମର୍ଥ

ଭ୍ରମଣକାରୀଙ୍କ ପସନ୍ଦର
ସୁଗନ୍ଧିତ ଫୁଲ ହୋଇ
ମୋ କବିତା ସେମାନଙ୍କୁ ବାନ୍ଧି ରଖିବାକୁ ଅଟଳ

ଜ୍ୱଳନ୍ତ କାଳି ଧରି
ମୋ କଲମ ଗୋଟେ ବନ୍ଧୁକ
ଅନ୍ୟାୟ-ଅତ୍ୟାଚାରକୁ
ଅନାୟାସେ ଗୁଳି କରିବାକୁ ଆଗଭର
କୌଣସି ବ୍ୟକ୍ତି ବିଶେଷକୁ ଲକ୍ଷ୍ୟ ନାହିଁ ତା'ର
କିନ୍ତୁ ହଁ
ପରିବେଶ ପରିସ୍ଥିତିର
ସେ କରେ ସୂକ୍ଷ୍ମ ଅନୁଧ୍ୟାନ।

ମୋ ବାପା

ତୁମେ ଜଗତରେ ମୋତେ ପରିଚୟ ଦେଲ
ମୋ ଭିତରେ ସାହସ ଜାଗ୍ରତ କଲ

ଯେତେ କଷ୍ଟ ହେଉନା କାହିଁକି
କୌଣସି ଜିନିଷ ପାଇଁ
ତୁମେ କେବେ ମୋତେ ନା କହିନାହଁ

ଚଷ ଜମିରେ କୃଷକ ସାଜି
ତୁମେ ତୁମର ସମସ୍ତ ସମୟ ଖର୍ଚ୍ଚିଲ
କିନ୍ତୁ ଯେବେ ଯେବେ ମୁଁ ଆସିଲି ସଫଳତା ସହ
ଉଷ୍ମ ଆଲିଙ୍ଗନ- ଚୁମ୍ବନରେ
ତୁମେ ମୋ ପାଖେ ପାଖେ ଥିଲ

ମୋ ଲାଗି ତୁମେ ସଂଚିଲ
ତୁମ ରୋଜଗାର
ଏ ଦୁନିଆରୁ ଗଲାବେଳେ
ମୋ ଛଡ଼ା ତୁମେ ସମସ୍ତ
ପିଲାଙ୍କଠୁ ବିଦାୟ ନେଲ

ତୁମ ଅନୁପସ୍ଥିତିରେ
ସଭିଏଁ ଉଦାସ
କହୁଛନ୍ତି ତୁମେ ଆଉ ନାହଁ

ତୁମ ଯିବାପରେ
ବିତିଯାଇଛି ବର୍ଷ ଆଉ ବର୍ଷ
ହେଲେ ତୁମର ଉପସ୍ଥିତି
ମୁଁ କରୁଛି ସବୁଦିନ ସବୁଠି ଅନୁଭବ ॥

ଦୟାକରି ହସ

ଦୟାକରି ହସ
ତୁମେ ତୁମର ପ୍ରେମକୁ ଅନୁଭବିଲା ବେଳେ
ଆଉଥରେ ହସିବାକୁ ନିଶ୍ଚୟ ପସନ୍ଦ କରିବ

କିଛି ସମୟ ପାଇଁ ହସ
ଏଥିରୁ ତୁମେ କିଛି ହରେଇବ ନାହିଁ
ବରଂ କିଛି ଦୁଃଖ ଭୁଲିଯିବ

କ୍ଷଣେ ପାଇଁ ହସ
କାରଣ ହସ
କିଛି ସମୟ ଫୁଲ ପରି
ଚମକେଇଦେବ ତୁମ ଚେହେରା

ଭଉଁରିଟେ ଖେଳିପରେ ଗାଲରେ
ଯାହା ଅନନ୍ୟ-ବିରଳ
ଯେବେ ଇଚ୍ଛା ସେବେ ହସ
ହସ ବାହାର କରିଆଣେ ତୁମ ପ୍ରକୃତ ଆତ୍ମା

ହସ, ସକରାତ୍ମକ ମନୋଭାବର ସଙ୍କେତ
ଯାହା ଫେରେଇନେବ ଯନ୍ତ୍ରଣା ଓ ଚାପ
ହୃଦୟକୁ ସୁସ୍ଥ କରିଦେବ

ହସ ସଂକ୍ରାମକ
ମାଗେ ନାହିଁ କିଛି, ଫେରାଏ ଅଧିକ

ଯେଉଁଠି ବି ଥାଅ, ହସ
ହସ ତୁମ ଉପସ୍ଥିତି ସୁଦୃଢ଼ କରେ
ଅନ୍ୟମାନଙ୍କୁ ପ୍ରଭାବିତ କରେ

ବିଳମ୍ବ ନ କରି ଦୟାକରି ହସ
ତୁମ ହସ ହସ ମୁହଁର ଆଖପାଖରେ
କେହି ବି ଥାଇପାରନ୍ତି ଦୁଃଖି
ଶୁଣ ! ହସ ହରିପାରେ ଦୁଃଖ
ହସ ହିଁ ଆନନ୍ଦକୁ କରେ ସୁନିଶ୍ଚିତ ।

ଯଦି ମୋର ଉଡ଼ିବାକୁ ଡେଣା ହଲେ ଥା'ନ୍ତା

ଯଦି ଡେଣା ହଲେ ଥା'ନ୍ତା
ମୁଁ ତୁମ ପାଖରେ ଥାଆନ୍ତି
ଯଦି ପୋଛି ପାରିଥା'ନ୍ତି ଲୁହ
ମୁଁ ଓଠରେ ତୁମ ଆଖି ଶୁଖେଇ ଦିଅନ୍ତି

ଯଦି ପଠେଇ ହୁଅନ୍ତା
ତୁମ ହୃଦୟର ପ୍ରତିଧ୍ୱନି
ମୁଁ ପଠାନ୍ତି ମୋ ହୃଦୟ ସ୍ପନ୍ଦନ
ମୋର ଇଚ୍ଛା ତୁମେ ନିଶ୍ଚୟ ଶୁଣ

ଯଦି ପାରିବ
ବିନା ଭୟରେ ବାହାରକୁ ଆସ
ତୁମ ମନ ପରି ସାହାସୀ ହୋଇ
ମୁଁ ଭାଙ୍ଗିଦେବି
ତୁମ କାରାଗାରର ଦ୍ୱାର
ଫିଟେଇଦେବି ହାତର ଶିକୁଳୀ

ଧଳା କାଗଜରେ-କଳା ଅକ୍ଷରରେ
ମୁଁ ଲେଖିଛି ମୋ ଚିନ୍ତାଧାରା
ହେଲେ ମୋ ଆଖି

ତୁମେ କହିଥିବା ଶବ୍ଦମାନଙ୍କୁ
ଇସାରାରେ ପିନ୍ଧେଇଛି ରଙ୍ଗର ପସରା

ଯଦି ତୁମେ
ପଛକୁ ନ ଫେରିବାର ଅଭୟ ଦିଅନ୍ତ
ମୁଁ ତୁମକୁ ପିଠିରେ ବୋହି ଚାଲିବାକୁ ପ୍ରସ୍ତୁତ ।

ଶିକ୍ଷକ

ଆଲୋକ ଓ ଦୃଷ୍ଟି ବିହୀନ
ମୋର ହଳେ ଉଲଗ୍ନ ଆଖି ଥିଲା
ତୁମେ,
ଆଲୋକ-ଦୃଷ୍ଟି ଦେଇ
ମୋ ଆଖିକୁ ସମ୍ମାନିତ କଲ

ତୁମରି ଲାଗି
ବର୍ଣ୍ଣମାଳାର ମହଲରେ
ମୁଁ ଝଲମଲ

ଖଣ୍ଡେ ଲୁହାପଥରରୁ
ତୁମେ ମୋତେ ମଜବୁତ୍ ଲୁହା କଲ
ମୁଁ ପିଣ୍ଡୁଳାଏ ମାଟି ଥିଲି
ତୁମେ ସେଥିରୁ
ଚମତ୍କାର ଫୁଲ ପାତ୍ରଟେ ଗଢ଼ିଲ
ବର୍ତ୍ତମାନ ଦଖଲ କରିଛନ୍ତି ମୋତେ
ସୁଗନ୍ଧିତ ଫୁଲ

ଆଜି ମୁଁ ଯାହା
ତୁମରି ଲାଗି ହିଁ ସମ୍ଭବ
ମୁଁ ପ୍ରାକୃତିକ ସୁନା ଯୁକ୍ତ ଖଣି ଥିଲି
ତୁମେ ମୋର ସୁନାକାର

ଅପୂର୍ବ ସ୍ୱର୍ଣ୍ଣ-ଅଳଙ୍କାର କରି
ତୁମେ ମୋତେ ଜଗତରେ ପ୍ରସିଦ୍ଧ କଲ

ମୁଁ ତୁମର ଋଣୀ
ଯେତକ ଆଶୀର୍ବାଦ ପ୍ରାପ୍ତ ମୋତେ
ଅବା
ଆଗକୁ ପ୍ରାପ୍ତ ହେବ
ସବୁକିଛି ତୁମକୁ ଉତ୍ସର୍ଗ
ତୁମ ପ୍ରେମ ଆଗରେ
ମୁଁ ସଦାବେଳେ ନମ୍ର ॥

ବିଜ୍ଞାନର ଚମତ୍କାର

ଏ ଆକାଶ
ସଦାବେଳେ ଉନ୍ମୁକ୍ତ, ପ୍ରଶସ୍ତ ଓ ସଫା
ଦିନରେ-ରାତିରେ-ପ୍ରତି ମୁହୂର୍ତ୍ତରେ
ଆଲୋକରେ ଆଲୋକିତ
ତଥାପି,
ଏହା ଆମ ପାଇଁ ଅନ୍ଧକାର ଥିଲା
ବର୍ତ୍ତମାନ ପର୍ଯ୍ୟନ୍ତ

ଦିଆସିଲି ବାକ୍ସଗୁଡ଼ିକ
ଘରୁ ନିର୍ବାସିତ କରି
ଆଜିକାଲି ବୈଦ୍ୟୁତିକ ଯନ୍ତ୍ରପାତି
ପାଲଟି ବସିଛନ୍ତି ଗର୍ବ ଓ ଗୌରବ

ଥୁମ୍ବା, ଶ୍ରୀହରିକୋଟା ଆଦି
ରକେଟ୍ ଉତ୍‌କ୍ଷେପଣ ଷ୍ଟେସନ
ଆମର ବୈଜ୍ଞାନିକ ଶ୍ରୀକ୍ଷେତ୍ର

ଏ ବିସ୍ତୃତ ଦୁନିଆ
ଆଜି ପାଲଟିଛି ଛୋଟ

ସୂର୍ଯ୍ୟପରାଗ ପରି
ଆଶ୍ଚର୍ଯ୍ୟଜନକ ଘଟଣାର
ସିଧା ପ୍ରସାରଣରେ ଗର୍ବିତ ଆମେ

'ରାଗୁ ସାପ ଗ୍ରାସ କରେ ସୂର୍ଯ୍ୟଙ୍କୁ' -
ଏ ପୁରାତନ କାହାଣୀ
ଯାହା ଆମ ମନରେ ଘର କରିଥିଲା
ଗୋଟିଏ କ୍ଷଣରେ ଫେରାର୍

ଦିନ ଥିଲା ପାଣିପାଗ ଟିପ୍ପଣୀ
ଜ୍ୟୋତିଷ ଶାସ୍ତ୍ରରେ ସୀମିତ ଥିଲା
ଏବେ କିନ୍ତୁ
ବିଶ୍ୱାସ କରିବା କରିବାର ଦିନ

ରୂପା ମଞ୍ଜିକୁ
ବାଦଲ-ବଗିଚାରେ ବୁଣିଦେବା ଆମେ
ଯେପରି ଯେତେବେଳେ ଆବଶ୍ୟକ
ବର୍ଷା ଝରିବ ଓ ଅଙ୍କୁରିତ କରିବ

ଯଦି ମେଘ
ଆଶୀର୍ବାଦ କରିବାରେ ଅସଫଳ ହୁଏ
ସ୍ୱର୍ଗୀୟ ନଦୀ ଡାକିଆଣିବା ଆମେ

ଏଯାବତ୍
ଚନ୍ଦ୍ରରେ ଜଳ ଖୋଜିବାର ଚେଷ୍ଟାକୁ
ମିଳିନି କୌଣସି ଉତ୍ତର
ଯେଉଁଠି ମାନବଠି ଅସାଧାରଣ ସମ୍ଭାବନା
ସେଠି ପତ୍ରଟେ
ଶୀଘ୍ର ହିଁ ମାଟିକୁ କରେ ଆଲିଙ୍ଗନ ॥

ଆଶା

ମୁଁ ଭାବିଲି
ମୋ ଚିନ୍ତାଧାରାକୁ ତୁମେ ଡେଣା ଦେବ
କିନ୍ତୁ ତୁମେ
ମୋ ଓଠ ଚପିଦେବା ଲାଗି
ପାଟି ବନ୍ଦ କରି ଆସିଲ

ମୁଁ କଳ୍ପନା କଲି
ତୁମେ ଉଡ଼ିବାକୁ ଆକାଶ ଦେବ
କିନ୍ତୁ ତୁମେ
ନିମ୍ନ ଭୂମିରେ
ମୋତେ ଏକ ଗର୍ତ୍ତ ଦେଖେଇଲ

ମୁଁ ଆଶା କଲି
ମୋ ହୃଦୟର ଅଭିଯୋଗ
ତୁମେ ରେକର୍ଡ଼ କରିବ
କିନ୍ତୁ ତୁମେ
ଚରିଆଡ଼େ ପ୍ରସାରିତ ଲାଗି
କେବଳ ମୋ ଚିକ୍‌ଚିକ୍ ପଣକୁ ଛାପିଲ

ମୁଁ ଭାବିଲି
ମୋ ପ୍ରେମର ମୁହୂର୍ତ୍ତଟେ ବି
ତୁମେ ଭୁଲିଯିବ ନାହିଁ

କିନ୍ତୁ ତୁମେ
ତୁମ ଭୁଲାପଣ ମୋତେ ଉପହାର ଦେଲ

ମୁଁ କେବଳ
ଅକ୍ଷର ଓ ଶବ୍ଦର ବ୍ୟାକରଣ ଜାଣେ
କିନ୍ତୁ ଆଧିପତ୍ୟ ମୋର ଗର୍ବ ବୋଲି
ତୁମେ ନିର୍ଦ୍ଦ୍ୱନ୍ଦ୍ୱରେ ଘୋଷଣା କଲ

ମୁଁ ଆଶା କଲି
ତୁମେ ମୋ ଭାରି ବାଣ୍ଟିନେବ
କିନ୍ତୁ ତୁମେ
ମୋ ଦୁଇ କାନ୍ଧରେ
ବୋଝ ଲଦିଦେଲ

ମୋତେ ଚୁମ୍ବନ ଦିଆଯାଉଥିବାର
ମୁଁ କଳ୍ପନା କଲି
କିନ୍ତୁ ତୁମେ ଯିହୁଦା ପରି
ବିଶ୍ୱାସଘାତକତାର ଶପଥ ନେଲ ॥

ତୁମକୁ ଅପେକ୍ଷା କରିଛି

ତୁମେ ଆସ
ଯେପରି ଆସେ ନୂତନ ପ୍ରଭାତ
ଆଲୋକିତ କରିବାକୁ ନିର୍ମଳ ଆକାଶ

ତୁମେ ଆସ
ଯେପରି ଆସେ ନୂତନ ଶିକାରୀ
ସେହି ସମସ୍ତ ହୃଦୟକୁ
ଯିଏ ଅନ୍ଧକାରର ପଂଝାରେ ଅସହାୟ

ତୁମେ ଆସ
ଯେପରି ଆକାଶଦୀପ ଆସେ
ଉଜ୍ଜ୍ୱଳ ଆଶାର ସନ୍ଧାନରେ ଥିବା
ସମସ୍ତ ଆଖିକୁ

ଲୋକମାନେ ଶକ୍ତ
କିନ୍ତୁ
ଅଦୃଶ୍ୟ ପଂଝାରେ ଛଟପଟ
ସେ ସବୁକୁ ଛିଣ୍ଡେଇବା ଲାଗି
ଭେଦିଯିବା ଲାଗି
ତୁମେ ଚେନାଏ କିରଣ ପରି ଆସ

ବୈଜ୍ଞାନିକ ଯୁଗର
ଚରମ ଅଭିବୃଦ୍ଧିରେ
ଧୂଆଁ-ଧୂଳିରେ ସମସ୍ତ ଉପଦାନରେ
ବଦନାମ ଏ ପୃଥିବୀ
ସବୁକୁ ଧୋଇଦେବା ଲାଗି
ତୁମେ ଜୀବନ-ଦ୍ରବ ହୋଇ ଆସ

ଆସ !
ବ୍ରହ୍ମାଣ୍ଡର ସବୁଆଡ଼େ ସମସ୍ତଙ୍କୁ
ଯାବତୀୟ ପ୍ରତିବନ୍ଧକରୁ ମୁକ୍ତ କର
ନବୀନ ଯୁଗକୁ ସଂଖୋଳି ଆଣ ॥

ଐଶ୍ୱର୍ଯ୍ୟଶାଳୀ ଜୀବନ ବଞ୍ଚ

ସୌନ୍ଦର୍ଯ୍ୟର ମାନେ ପୃଥିବୀ ଓ ଆକାଶ
ତେଣୁ ଜୀବନ ବଞ୍ଚିଚାଲ
ଉଡ଼ିବା - ବୁଡ଼ିବା ବିନା
ରଙ୍ଗୀନ ପର ଶୁଖିଯାଇପାରେ

ସାମାଜିକୀକରଣ ବିହୀନ
ସମ୍ପର୍କ ପରି
ହୃଦୟ ଶୁଷ୍କ ପଡ଼ିଯାଇପାରେ
ଜଳ-ଅଭାବରେ

ଲୁହ ଓ ହସ ବିନା
ଭୁଲି ହୋଇଯାଏ ଓଠ
ସତର୍କତା ସହିତ
ସମ୍ବେଦନଶୀଳତା ହ୍ରାସ କରେ
ଅବିଶ୍ୱାସୀ ସୌନ୍ଦର୍ଯ୍ୟ

କାର୍ଯ୍ୟରେ ଧ୍ୟାନ ଦେଉନଥିବା ହାତକୁ
ପ୍ରଶ୍ନ ପଚାରେ ଆଙ୍ଗୁଠି
ଜାଣିବାକୁ ଚାହେଁ ଏହାର କାରଣ

ଚାଲିବା ପାଇଁ ଗୋଡ ନୁହେଁ କି ?
ଯଦି ନା, ତା'ର ବ୍ୟବହାର କ'ଣ ?

ଦିନଟେ ଆସିପାରେ
ଯେବେ ମନ୍ଥର ହୋଇଯାଏ ଗତି

ଯଦି ବର୍ଷା ବିନା ବଢ଼ିପାରେ ଗଛ
ତେବେ ଆପେ-ଆପେ
ଉପୁଡ଼ି ଯାଇପାରେ ଚେର

ଯଦି ଅଧିକାର ପାଇଁ
ଯୁଦ୍ଧ ନକରି ଚୁପ୍ ରହେ ମଣିଷ
ତେବେ ବିନ୍ଦୁଟେ ପରି
ଭୂମି ତଳକୁ ସେ ଧସିଯାଇପାରେ

ଭାବନା ହିଁ
ପୁଷ୍ଟି କରେ ମାନବ-ପ୍ରକୃତି
ଆଖି ଉପଭୋଗି ପାରେନି ଦୃଶ୍ୟ
ଯେ ପର୍ଯ୍ୟନ୍ତ ଆଲୋକର ଅନୁପସ୍ଥିତିରେ
ନିଜକୁ ଅନ୍ଧ କରି କେହି କରିପାରେନି କଳ୍ପନା

ଶବ୍ଦ ଓ ବକ୍ତବ୍ୟ ସହ
ଆମକୁ ଜୀବନ ଦିଏ ଓଠ ଏବଂ ଜିଭ,

ଜୀବନର ଅବିସ୍ମରଣୀୟ ଚିନ୍ତାଧାରା
କେବଳ କଳ୍ପନା କରନ୍ତୁ
ନୀରବତାରେ ହିଁ ଭାଷା ପାଏ
ଚିହ୍ନ ଓ ପ୍ରତୀକ ॥

ବିଶ୍ୱାସଘାତକ ଶିକ୍ଷକ

ହେ ଦ୍ରୋଣ
ତୁମେ ବିଶ୍ୱାସଘାତକ ଶିକ୍ଷକ

ନିହାତି ଭାବେ
ତୁମେ ଏକ ନିକୃଷ୍ଟ ଉଦାହରଣ
ଯିଏ ଷଡ଼ଯନ୍ତ୍ରକାରୀ ମୁଣିରେ
ଲାଞ୍ଚର ବ୍ୟବହାର କରି
ରୂପରେଖ ଦେବାକୁ ଇଛିଲ
ଲୁକ୍କାୟିତ ଉଦ୍ଦେଶ୍ୟ

ତୁମେ କି ପ୍ରକାର ଶିକ୍ଷକ ?
ଅଦ୍ୱିତୀୟ ଯୋଦ୍ଧାର
ଡାହାଣ ଆଙ୍ଗୁଠି
ଗୁରୁଦକ୍ଷିଣା ଭାବେ ଦାବି କଲ

ତୁମେ ଭାବିଲ କି
ତୁମ ଦାବିରେ
ଏକଲବ୍ୟ, ମୂକ ପ୍ରମାଣିତ ହେବ

ଏହା ହୋଇଥାଇପାରେ
କେବଳ ଗୋଟିଏ ଆଙ୍ଗୁଠି

ହେଲେ ତୁମ ପ୍ରତାରଣା
କ'ଣ କରିପାରିଲା ତାକୁ ତଳିତଳାନ୍ତ ?

ଏକଲବ୍ୟ ଆଘ୍ରାଣି ନେଇଥିଲା
ତୁମ ଚତୁରତାର ଦୁର୍ଗନ୍ଧ
ସାହସିକତାର ସହ ମନା କଲା
ଅର୍ପିବାକୁ ତୁମକୁ ସମ୍ମାନ

ତୁମେ ସମ୍ଭ୍ରାନ୍ତ ଶିକ୍ଷକ ଥିଲ
କିନ୍ତୁ
କେବଳ ଆଉ କେବଳ
ରାଜକୁମାରଙ୍କ ଲାଗି ଥିଲ

ଗୌରବ କିମ୍ବା ଯୋଗ୍ୟତାର
ଯୋଗ୍ୟ ନୁହଁ ତୁମେ
ସାଧାରଣ ଜନତାଙ୍କ ଲାଗି
ତୁମେ ଟିପେ ବି ନ ଥିଲ

ଧର୍ନୁବିଦ୍ୟା ଶିକ୍ଷା ଲାଗି
ମହଣେ ଆଶା ନେଇ
ସେ ଯେବେ ତୁମ ପାଖକୁ ଗଲା
ତୁମେ ପ୍ରତ୍ୟାଖ୍ୟାନ କଲ
ସେ ହାର୍ ମାନିଗଲା ସତ
ହେଲେ ମନରେ ଘନୀଭୂତ ହେଲା ଦୃଢ଼ ସଙ୍କଳ୍ପ

ଶୃଙ୍ଖଳର ସହ
ଆତ୍ମ ଅଧ୍ୟୟନରେ
ବିନା ଗୁରୁରେ
ଦିନ-ଦିନ-ବର୍ଷ-ବର୍ଷ

ଅଧ୍ୟୟନ କରି
ସେ ପାଲଟିଲା ଧର୍ନୁଦ୍ଧର

ହେ ଏକଲବ୍ୟ !
ଅଦ୍ୱିତୀୟ ଧର୍ନୁଦ୍ଧର
ତୁମକୁ ନମସ୍କାର
ତୁମେ ଅସାଧାରଣ ସାହାସର ଉଦାହରଣ

ଦ୍ରୋଣ !
ତୁମେ ତାଙ୍କ ଭିତରର
ପ୍ରକୃତ ଯୋଦ୍ଧା ସହ
ବିଶ୍ୱାସଘାତକତା କଲ

ଇଚ୍ଛାରେ କଟା ହୋଇନଥିଲା ଆଙ୍ଗୁଠି
ବରଂ ଇତିହାସକୁ ଖଣ୍ଡନ କରି
ସୃଷ୍ଟି ହେଲା ଏକ ଅନନ୍ୟ ପରିଚୟ

ମୋତେ କୁହ
କ'ଣ ଯୁଦ୍ଧରେ
କେବଳ ରାଜକୁମାରଙ୍କ ରକ୍ତପାତ ହୋଇଥିଲା ?
ସୈନିକଙ୍କର ରକ୍ତ ବୋହିନଥିଲା ?

ରାଜବଂଶୀ ସିଂହାସନର
ବିଶ୍ୱସ୍ତତାର ମାପ କ'ଣ ?
ସାଧାରଣ ଜନତାଙ୍କ ସାହସିକତା
କ'ଣ ମୁକୁଟ ପିନ୍ଧିବାକୁ ଯୋଗ୍ୟ ନୁହଁ ?

କ'ଣ ଏହାହିଁ ନିୟମ
ଧର୍ମର ଓ ନ୍ୟାୟର ?

ହେ... ବସନ୍ତର ଗୀତ

ହେ ବସନ୍ତର ଗୀତ
ଅଳଙ୍କାରରେ ସୁସଜ୍ଜିତ ହୋଇ
ତୁମେ ନିହାତି ସମ୍ଭ୍ରାନ୍ତ

ମୁଁ ଆଶ୍ଚର୍ଯ୍ୟ !
ବର୍ତ୍ତମାନ ତୁମେ
ଫିକା-ଫିକା, ସୌନ୍ଦର୍ଯ୍ୟ ରହିତ

ହାତରେ ଅମୃତ ଧରି
ତୁମେ ଥିଲ ଲୋକୋପକାରକ
ଆଜି
ଆଶ୍ଚର୍ଯ୍ୟଜନକ ଭାବରେ
ସଂକୀର୍ଣ୍ଣ ରାସ୍ତାରେ
ପତେଇଛ ହାତ-ମାଗୁଛ ଭିକ

ଦିନେ ତୁମେ
ଆତ୍ମସମ୍ମାନର ସାକ୍ଷୀ ଭାବେ ବିଖ୍ୟାତ ଥିଲ
ପୁଣ୍ୟର ପ୍ରତୀକ ଭାବେ ଠିଆ ହୋଇଥିଲ
ଅଳିଆ-ଆବର୍ଜନା ନଳାରେ ତୁମ ମୁଣ୍ଡ ଆଜି
ତୁମ ବର୍ତ୍ତମାନର ରୂପରେ ମୁଁ ମର୍ମାହତ

ସୂର୍ଯ୍ୟପରି ତୁମେ ଦିଗ ନିର୍ଣ୍ଣୟ କଲ
ଏକମୁହାଁ ହୋଇ
ଗୋଟିଏ ଆଶାରେ ଦଉଡ଼ିବାକୁ ସ୍ଥିର କଲ

ତୁମ ଲାଗି
ଗୌରବାନ୍ୱିତ ହୋଇଥିବା ସିଂହାସନ
ଏବେ ନିଜ ଭଗ୍ନାବଶେଷର ଅନ୍ୱେଷଣରେ

ତୁମେ ଅନନ୍ତ ଫୁଲର
ଅପରିବର୍ତ୍ତିତ ରଙ୍ଗ ଥିଲ
ଏବେ କିନ୍ତୁ ବିଳିବିଳଉଛ ବନ୍ଦ ଗୁମ୍ଫାର
ଅସହ୍ୟ ଦୁର୍ଗନ୍ଧରେ

ସଫା ନଈଧାରରେ ବୋହୁଥିବା
ତୁମ ଅବିସ୍ମରଣୀୟ ଅମୂଲ୍ୟ ବରଦାନକୁ
ମହାସାଗର ମାନେ ଅପେକ୍ଷା କରିଥିଲେ
ହେଲେ
ଆଜି ତୁମେ ଜଳ ନିଷ୍କାସନ ସ୍ଥଳ ପରି ସ୍ଥଗିତ

ତୁମକୁ ଖୋଜି ଖୋଜି
ନୟାନ୍ତ ଅନେକ ପୂର୍ଣ୍ଣିମା
ଅନେଇ ବସିଛନ୍ତି ତୁମ ବାଟ
ଯଶ ଆଉ ଖ୍ୟାତିର ନୀଳିମା
ହେଲେ କାଉ ଓ ମୂଷାଙ୍କ
ଖୋଜରେ
ଏବେ ତୁମେ ଅବଶିଷାଂସ

ତୁମର ମହାନ୍ ଦୃଶ୍ୟମାନ
ଏବେ ସ୍ୱପ୍ନରେ

ସିଂହ ତୁମେ
କୋକିଶିଆଳୀ ଦଉଡୁଥା'ନ୍ତି ତୁମରି ପଛରେ

କୋଇଲିମାନଙ୍କର
ତୁମେ ଆଶ୍ରୟସ୍ଥଳ
ଡେଣା ବିସ୍ତରିବାର ପୋଷଣ
କିନ୍ତୁ ଆଜି ଆବଦ୍ଧ
ପେଚ଼ ସାଙ୍ଗରେ ଗୋଟିଏ ଗର୍ତ୍ତରେ

ହେ ବସନ୍ତର ପ୍ରଭାତୀ ଗୀତ !
ତୁମ ପ୍ରେରଣା ଏକ ଆଦର୍ଶ
ହଠାତ୍ କେମିତି ପାଲଟିଗଲ ତୁମେ
ଅଯୋଗ୍ୟ ଶୀତ ରାତିର ମାର୍ମିକ ଗୀତ ॥

ମୋ ନିରବତାକୁ ଅନମ୍ୟୁଟ୍ କର

ଯୁଗ ପରେ ଯୁଗ
ପ୍ରାଚୀନ କାଳରୁ
ମୁଁ ଅସହ୍ୟ ହିଂସାର ଅଧିନ

ମୋ ଉପରେ
ଅପମାନ-ଅପବାଦ-କ୍ରୋଧ
ଉଲଗ୍ନତା-ଲଜ୍ଜାର ପାହାଡ଼

ଜଣାନାହିଁ କେତେବାର
ମୋର ସମ୍ମାନ ଓ ନମ୍ରତାକୁ
କେହି ଯୋଖିଥାଏ ତୀର
ପ୍ରକାଶିତ ଠାରୁ
ଢେର୍ ଅଧିକ ଅପ୍ରକାଶିତ ଦୁଃଖ
ଯାହା ସମୟ ଛାତିରେ କବର

କହିବାକୁ ଗଲେ
କମ୍ ପଡ଼ିଯାଇପାରେ ଶବ୍ଦ
ମୁଁ ମୁହଁ ଖୋଲିଲେ
ଶବ୍ଦ ମାନେ ହୋଇଯାଇପାରନ୍ତି କଳଙ୍କିତ

ମୋ ଅନ୍ତସ୍ଥ ଅନୁଭବ
ପରିସ୍ଥିତି - ପରିବେଶ
ମୁଁ ନିଜ ଭାଷାରେ ଲେଖିବାକୁ ଅସମର୍ଥ

ମୋ ଦାଗରୁ
ଏବେ ଗଭୀର ରକ୍ତସ୍ରାବ
ଦୟାକର,
ଉଚ୍ଚାରିବାକୁ ଦିଅ ମୋତେ
ମୋ ଅକ୍ଷତ କ୍ଷତଙ୍କ ଯନ୍ତ୍ରଣା
ଉଚ୍ଚାରିବାକୁ ଦିଅ ମୋତେ
ଗଣତାନ୍ତ୍ରିକ ଶାସନର ମଞ୍ଚ
ଓ
ବିଧାନମଣ୍ଡଳର ନିୟମ
ରାଜତାନ୍ତ୍ରିକ ପ୍ରାସାଦର
ରାଜକୀୟ ହଲ୍‌ରେ

କାର୍ଯ୍ୟସ୍ଥଳୀ, ପୋଲିସ୍ କୋଠରି, ଜେଲ୍‌ରେ
ରାସ୍ତାଘାଟରେ ଦିନ ଆଲୁଅରେ
ସିନେମା ପରଦା - ଟେଲିଭିଜନ ଧାରାବାହିକରେ
ପତ୍ରପତ୍ରିକା-ପ୍ରିଣ୍ଟ ମିଡ଼ିଆରେ
ଅନେକବାର ତୁମେ ମୋତେ ଅବମାନନା କଲ
ହସ୍ତିନାପୁରରେ
ମୁଁ ଦ୍ରୌପଦୀ ନାମରେ ପରିଚିତ ଥିଲି
ଏବେ ତ ଠା ଠା
ମୋର ଭିନ୍ନ ଭିନ୍ନ ଅବତାର

ମୋ ଭାଗ୍ୟ ଓ ନକ୍ଷତ୍ର
ତୁମ ଦୃଷ୍ଟି ଆକର୍ଷଣ
କରିପାରିଲେନି

ତୁମ କାନ
ମୋ ଗର୍ଜନକୁ ଅଣଶୁଣା କଲା
ଆଖି ଖୋଲ ଓ ଶୁଣ !
ମୁଁ ହରେଇ ବସିଛି ସମ୍ମାନ
ତୁମ ସମ୍ମାନଜନକ କୋର୍ଟରେ
ସେଇଠି ବସ୍ତ୍ରହରଣ ହୋଇଛି ମୋର
କେତେ କେତେ ପୁରୁଷଙ୍କ ସାମ୍ନାରେ

କୃଷ୍ଣ ଆସି
ମୋ ନଗ୍ନତାକୁ ଯାଚି ଦେଇଥିଲେ ପରିଧାନ
ଶହ ଶହ କାହାଣୀ ଓ କାଳ୍ପନିକ ପୁରାଣରୁ
ଯାହା ତୁମେ ଶୁଣିଛ
ମୁଁ କିନ୍ତୁ
ମୋ ଦୈହିକ କୋଶିକାରୁ ସାଉଁଟିଛି ଶକ୍ତି
ନିରାଶ କରିଛି ହରାଇଛି ଦୁଃଶାସନକୁ
ମୋ ପ୍ରଭାବଶାଳୀ ନାରୀତ୍ୱରେ

ଜଣେ ପିତୃସତ୍ତାତ୍ମକ ପୁରୁଷ
କିଭଳି ଭାବେ
କେଉଁ ସାହାସରେ
ନାରୀ ଅପମାନର ଏ ଦୃଶ୍ୟକୁ
ଚୁପ୍‌ଚାପ୍ ସହ୍ୟ କଲେ – ଗହଣ କଲେ

ଏଯାଏଁ
ନରମ ପର କିମ୍ବା ଫୁଲ ଭାବି
ମୋର ଆଦର ହୁଏ
ଅନ୍ୟ ସବୁକୁ ଅଣଦେଖା କରି
ମୋତେ ଆକାଶର ଜହ୍ନ
    ଭୂଇଁର ନଦୀ କୁହାଯାଏ

ମୁଁ ରକ୍ତ-ମାଂସର ଶରୀରଟେ
ଏତକ ବାରବାର ଭୁଲି ଯାଆନ୍ତି ସଭିଏଁ

ମୁଁ କେବଳ
ସ୍ନେହ ଶ୍ରଦ୍ଧା ମମତାର ପ୍ରତୀକ ?
ପୃଥିବୀର ସୌନ୍ଦର୍ଯ୍ୟ ?
ପବିତ୍ରତାର ଦେବୀ ଭାବେ ଗୌରବାନ୍ୱିତ ?

ମୋ ଭାବନାକୁ ଅବହେଳା କରି
ମୋତେ ଯନ୍ତ୍ରଣାରେ ଜୁଡୁବୁଡୁ କରାଯାଏ
ମୋ ଜ୍ଞାନକୁ ଘୃଣା କରାଯାଏ
ତୁମ ଚତୁରତାର ଚଟୁକାରିତାରେ

ଏଠାରେ ସବୁକିଛି ଯଦିଓ ନାରୀତ୍ୱର ଅସ୍ତିତ୍ୱ
ଫେରାର୍ କିନ୍ତୁ ମାନବବାଦ

ମୋର ଅଭିମାନ-ଅଭିଯୋଗ
    କେମିତି କହିବି
    କାହାକୁ କହିବି
ଦୟାକରି ମୋ ନୀରବତାକୁ ଅନମ୍ୟୁଟ କର ।

ଜୀବନ୍ତ ମୁହୂର୍ତ୍ତ

ମୃତ୍ୟୁ କୋଳରେ ଶୋଇ
ମୋ ଆଖି ବନ୍ଦ କରି
ମୋର ଶେଷ ନିଃଶ୍ୱାସ ସହିତ
କ'ଣ ତୁମେ ଆଣିବାକୁ ଯାଉଛ କି
ଫୁଲଗୁଚ୍ଛା ଓ ଫୁଲମାଳ

ଯେବେ ମୋ ଦେହ
ବରଫ ପରି ଥଣ୍ଡା
ତୁମେ ଝରେଇଦେବାକୁ ଚାହୁଁଛ କି
ତୁମ ଦୁଃଖର ଲୁହ
ଆଉ
ଅର୍ପି ଦେବାକୁ ଚାହୁଁଛ ସେ ସବୁକୁ
ମୂଲ୍ୟବାନ ମୋତି ପରି

ମୁଁ ପାଣିରେ ଭାସୁଛି
ଜନ୍ଦା ପିମ୍ପୁଡ଼ି ପରି ସଂଘର୍ଷ କରୁଛି
ଟିକେ ମୁକ୍ତି ପାଇବାକୁ
ବନ୍ୟା ପରିସ୍ଥିତିରୁ ନିଜକୁ ଉଦ୍ଧାରିବାକୁ
ଟୁକୁରାଏ ଆଶା ସଞ୍ଚୟ କରୁଛି

ଅନ୍ଧକାରର ଘୋର ଆବରଣ
ଯାହା ମୋତେ ଆବଦ୍ଧ କରିଛି
କିଛି ସମୟ ପାଇଁ ଖୋଲିଦେଉଛି ମୁଖା
ଆଉ
ମୋ ପାଇଁ ତୁମ ଉଜ୍ଜ୍ୱଳ ହସ ସଞ୍ଚୟ କରୁଛି

ଯେତେ ଲମ୍ବା
ଓ
ପ୍ରଶଂସାଯୋଗ୍ୟ ହୋଇଥାଉନା କାହିଁକି
ମୁଁ କଦାପି ଶୁଣିବି ନାହିଁ
ସହାନୁଭୂତିର କୌଣସି ଶବ୍ଦ

ଗୋଟେ ସେକେଣ୍ଡରେ
ଗଡ଼ିଯାଏ ସମୟ
ଆଉଥରେ ଫେରିଆସେ ନାହିଁ
ପୂର୍ବବତ୍ ହୋଇପାରେ ନାହିଁ
ବହି ଯାଇଥିବା କ୍ଷଣ

ବନାନ୍ କରି ସେଇ ଗୋଟିଏ ଶବ୍ଦ କୁହ
ଯାହା ଲାଗି
ମୁଁ ଆଜିବି ଅପେକ୍ଷାରତ

ତୁମେ ମୋର ପ୍ରିୟ ?
ମୁଁ ପରିଦର୍ଶନ କରିବାକୁ ଇଛୁଛି
ମୋ ମାର୍ବଲ୍ କବର
ମୋତେ ଏକେଲା ଛାଡ଼ନାହିଁ ଶ୍ମଶାନରେ
କେବେ ବି ଏକେଲା ହୋଇନାହିଁ
ମୁଁ ଏଯାବତ୍

ପ୍ରେମର ଆନନ୍ଦ
ନିବିଡ଼ ସ୍ନେହ
ସୁନ୍ଦର ବନ୍ଧୁତା
ଏବଂ
ସ୍ଥାୟୀ ଭ୍ରାତୃଭାବରେ
ମୁଁ ଉପଭୋଗିଛି ଜୀବନ

ମୃତ୍ୟୁ ଛଦ୍ମବେଶରେ ବଞ୍ଚେ
ସତେ ଯେପରି
ପ୍ରତିକ୍ଷଣ ମରି ମରି ବଞ୍ଚେ

ମୋତେ ଥରେ ଦେଖିବା ପାଇଁ
ତୁମ ଆଖିକୁ କୁହ
କାନ ଖୋଲି
ମୋତେ ଥରୁଟିଏ ଶୁଣ।

ଜୀବନର ଶେଷ ତାରିଖ ସ୍ଥଗିତ ରଖନ୍ତୁ

ମୋ ଦେଶ
ମଧ୍ୟ ରାତ୍ରିରେ ସ୍ୱାଧୀନ ହେଲା
ମୁକ୍ତିର ପ୍ରଭାତରେ
ଅଗଣିତ କାର୍ଯ୍ୟର ସୂଚୀପତ୍ର ଥିଲା

ଦାସତ୍ୱ ପ୍ରଥାର ଘନତା ସହ
ଅନ୍ଧକାରରେ ବୁଡ଼ିଗଲା ଘୋର ଅଜ୍ଞତା
ମଇଳା-ଗଦା
ଚିନ୍ତାକୁ ଚେତନା ଦେଲା

ଅନ୍ଧବିଶ୍ୱାସର କମ୍ବଳ
ମୂର୍ଖ ଅଭ୍ୟାସ
ମହାମାରୀ ମାଧ୍ୟମରେ
ଦାବି କରିଥିଲେ ଅନେକ ଜୀବନ

କିନ୍ତୁ
ମୃତ୍ୟୁହାରରେ ଭୟଙ୍କର ହ୍ରାସ
ପାରିବାରିକ ସ୍ୱାସ୍ଥ୍ୟ ଓ ଔଷଧ କ୍ଷେତ୍ରରେ
ନିଜ ସଫଳତା ତଥା ବିକାଶର ହସ୍ତାକ୍ଷର କଲା

ଅନେକ ସନ୍ତାନଯୁକ୍ତ ପରିବାର
ଲୋକଙ୍କ ପାଇଁ ସାଧାରଣ ଥିଲା
ଯଦିଓ ସେଇ ସନ୍ତାନମାନେ
ହନ୍ତସନ୍ତ ହେଉଥିଲେ
ଅଳ୍ପ ସମ୍ପତ୍ତିରେ
ଦୁଇଟି ସନ୍ତାନ ପରେ
'ନା' କହିବାର ଦିନ ଆସିଛି ବର୍ତ୍ତମାନ

'ଜନ୍ମ ସମୟ ସ୍ଥିର କରନ୍ତି ସର୍ବଶକ୍ତିମାନ'-
ଏହା ପୁରୁଣା ଧାରଣା
ଏବେ ଏହା ସ୍ତ୍ରୀ ରୋଗ ବିଶେଷଜ୍ଞ
ଓ
ଶିଶୁରୋଗ ବିଶେଷଜ୍ଞ ଉପରେ ନିର୍ଭରଶୀଳ
ଆହୁରି ବି ଲୋଡ଼ା
ସିଜରିଆନ୍ ଲାଗି ସର୍ଜିକାଲ ଥିଏଟର

ଆଜିକାଲି ଢେର ବଢ଼ିଛି
ଲୋକଙ୍କ ଜୀବନକାଳ
ଜୀବନର ପ୍ରତ୍ୟେକ କ୍ଷେତ୍ରରେ
ଜୀବନ-ଶୈଳୀରେ
ଉନ୍ନତି ଆଣିବାର ଶ୍ରେୟ ଡାକ୍ତରୀ ବିଜ୍ଞାନର
ମୃତ୍ୟୁ ଘଟେ ଦୁର୍ଘଟଣାରେ
    ଯାହା ଅପ୍ରତ୍ୟାଶିତ

ଦିନଟେ ଆସିବ
ଯେବେ ଆମ ପିଲାମାନେ
ସହଜ କିସ୍ତିରେ
ନିଜ ସୁବିଧାରେ
ସ୍ଥଗିତ ରଖିବେ ଜୀବନର ଶେଷ ତାରିଖ ॥

ତାଜମହଲ

ଏକ ଅନନ୍ୟ ଗୋଲାପ
    ପ୍ରେମିକାକୁ ଉପହାର
ଯିଏ ଫୁଟିବା ଲାଗି ଲୋଡ଼ା
    ପ୍ରେମିକାର ଗୋଟିଏ ନଜର

ଏକ ଅସମ୍ପୂର୍ଣ୍ଣ ପ୍ରେମ-କବିତାର
    ଓଲଟା ବିସ୍ମୟ ଚିହ୍ନ
ଏଇଠି ନିବୁଜ
    ଶେଷ ସୁଗନ୍ଧିତ ନିଶ୍ୱାସ ସୁନ୍ଦର ତାଜ୍‌ର

ପ୍ରତୀକାତ୍ମକ ସ୍ମାରକୀ ଏହା
    ଅନନ୍ତ ପ୍ରେମର
ଇଥେରାଲ ଧଳା ମାର୍ବଲରେ
ଚଉଦ-ସନ୍ତାନର ଜନନୀ
ସୌନ୍ଦର୍ଯ୍ୟମୟୀ ପ୍ରେମିକାର
ଅମୂଲ୍ୟ କବର

ଚମତ୍କାର ବୈଶିଷ୍ଟ୍ୟ ବିଶିଷ୍ଟ
ଭାରତୀୟ ସ୍ଥାପତ୍ୟ ସୌନ୍ଦର୍ଯ୍ୟର
    ନିଆରା ପ୍ରତୀକ
ଯମୁନାର ଦକ୍ଷିଣ କୂଳରେ

ଧଳା ଶଙ୍ଖା ମଲମଲ ମୂର୍ତ୍ତିରେ
ଅପୂର୍ବ ପଥର-ଖୋଦେଇ କଳାର ମେଳଣ

ଏକ ଦଶନ୍ଧି ଲାଗି
ଏକାଠି କାର୍ଯ୍ୟରତ
କୋଡ଼ିଏ ହଜାର
    କିମ୍ୱା ତା'ଠୁ ଅଧିକ ଶିଳ୍ପୀଙ୍କର
ଝାଳ-ନାଳ-ରକ୍ତ ଏଇଠି ଘନୀଭୂତ

କେବଳ ପୃଥିବୀର ସପ୍ତମ ଆଶ୍ଚର୍ଯ୍ୟ ନୁହେଁ
ଏହା କାରିଗରଙ୍କ କଳା-କୌଶଳର
ଶ୍ରମିକଙ୍କ କାରିଗରୀର
ଜୀବନ୍ତ ଆଶ୍ଚର୍ଯ୍ୟ ମଧ୍ୟ ॥

ନିର୍ଯାତିତ ମହିଳାଙ୍କ ପ୍ରତିଜ୍ଞା

ନିଜ ନଗ୍ନତା ଲାଗି
ମୁଁ ଲଜ୍ଜିତ ଓ କଳଙ୍କିତ
ତୁମ ମନ-ହୃଦୟକୁ
କ'ଣ ଏହା ନଗ୍ନ କରୁନାହିଁ ?

ତୁମ ମସ୍ତିଷ୍କକୁ
ଦୃଶ୍ୟ ଭାବନା ପଠାଉଥିବା
ରେଟିନା ଓ ଆଖିର ସ୍ନାୟୁଗୁଡ଼ିକ
କ'ଣ ବିଚ୍ଛିନ୍ନ ?
ତୁମର ସମ୍ମାନ-ଆତ୍ମସମ୍ମାନ କ'ଣ ମୃତ ?

ପଶୁମାନେ
ଲୁଚେଇ ରଖନ୍ତି ତାଙ୍କ ନଗ୍ନତାକୁ
ଗୋଡ଼ ଓ ଲାଞ୍ଜ ଆଢୁଆଳେ
ପକ୍ଷୀମାନେ
ଆବଦ୍ଧ କରନ୍ତି ନିଜକୁ
ପର ଓ ଡେଣା ସାହାଯ୍ୟରେ

ତୁମ ହୃଦୟ ଓ ଆତ୍ମା
କ'ଣ ନିଜ ଇଚ୍ଛାରେ
ଛାଡ଼ି ଚାଲିଯାଇଛନ୍ତି ତୁମକୁ ?

ଛନ୍ଦାବରଣ - ଆବରଣ ଉପରେ
ଆଉ ନିର୍ଭରଶୀଳ ନୁହଁ ତୁମେ ?
ଆଶା-ବିଶ୍ୱାସକୁ ପରଦାରେ ରଖି
ଦେଖିପାରୁନାହଁ ସ୍ୱପ୍ନ ?

ଦେଖ !
ଏ ନିଆଁ-ଡେଣା ସଜ୍ଜିତ ପର
ମୋ ରକ୍ଷକ
ମୁଁ ଉଡୁଛି ଉଚ୍ଚକୁ, ଆହୁରି ଉଚ୍ଚକୁ
ବିଶାଳ ଆକାଶ ଉର୍ଦ୍ଧ୍ୱରେ
ସନ୍ଧାନ କରୁଛି
ସମ୍ମାନ ଓ ସ୍ୱାଧୀନତା

ଭାରତର ଉତ୍ତର ଦ୍ୱାର: କାଶ୍ମୀର

ହେ ସୁନ୍ଦର କାଶ୍ମୀର
ଆମ ସାଂସ୍କୃତିକ ଦୂର୍ଗର
ଏକାଧିକ ଫାଟକ ମଧ୍ୟରେ
ତୁମେ ଉତ୍ତର ଫାଟକ

ଆମ ମାତୃଭୂମିର
ଶାନ୍ତ-ସ୍ନିଗ୍ଧ ସୁନ୍ଦରତାର ପରିଚୟ ତୁମେ
ତୁମେ ଭାରତର ଚମତ୍କାର ଫୁଲ ଉପତ୍ୟକାରେ
ଫୁଟିଥିବା ରଙ୍ଗୀନ ରେଶମ ଗୋଲାପ

କଳ୍ପନାମାନଙ୍କୁ ଖୋଦେଇ କରିବାର କଳା
କେବେ ବି ବନ୍ଦ କରନାହିଁ
ଫୁଲର ଏମ୍ବ୍ରୋଡ଼ୋରୀ ହୋଇ
ଗୁଡ଼େଇ ହେଉଥାଅ
ପଶମ ଶାଲ୍ ଓ କାର୍ପେଟ୍‌ରେ

ତୁମ ମଧୁ ବସାରୁ
ପ୍ରସରୁ ଥାଏ ସୁଗନ୍ଧିତ ଫୁଲ
ଗନ୍ଧକର ଦୁର୍ଗନ୍ଧ ଓ ଲହୁ ର
ଗନ୍ଧ ପରି ତାହା ନୁହେଁ କି ?

ଆବଶ୍ୟକ ସ୍ଥଳେ
ତୁମ ମୂଳଦୁଆ ବି
ସାର ଭଳି ଦରକାର କରିପାରେ ବିସ୍ଫୋରକ

ଦେଶପ୍ରେମୀ ସିଂହମାନେ
ପ୍ରତିବନ୍ଧ ଥିଲେ
ଆହୁରି ଗଭୀର କରିବାକୁ
ଆମ ଏକତାର ନଦୀ

ଦେଖ ତ !
ବିଷାକ୍ତ ମଞ୍ଜି ବୁଣିବାକୁ
କିଏ କିଏ ଆସିଛନ୍ତି ?

ପ୍ରାଚୀନ କାଳରୁ
ସାମ୍ପ୍ରତିକ ସମୟ ଯାଏ
ଯିଏ ଯିଏ ତୁମକୁ ହାତେଇବାକୁ ଚେଷ୍ଟା କଲେ
ସେ ସମସ୍ତେ ରିକ୍ତ, ଅପମାନିତ

ଅନେକ ଆସିଲେ ଓ ଗଲେ
କେହି ଜିତିପାରିଲେ ନାହିଁ ତମକୁ
ସଭିଏଁ ଲଜ୍ଜିତ

ମେସିନ୍‌ଗନ୍ ଶବ୍ଦ କରିବ ହିଁ କରିବ
କିନ୍ତୁ
ବେଶୀ କିଛି କରିପାରିବ ନାହିଁ
ଶାନ୍ତି ପ୍ରତିଷ୍ଠିତ ହେବ
ଅବଶ୍ୟ କିଛି ସମୟ ଲାଗିବ

ସେଣ୍ଟ ମଦର ଟେରେସା

(ଇଜହିଲାହସି) ଅପୂର୍ବ ସୌନ୍ଦର୍ଯ୍ୟର ରାଣୀ,
ଭାରତ ମା'ର ଏକ ଆଶୀର୍ବାଦ ନା ଅମୂଲ୍ୟ ସମ୍ପତ୍ତି
ମୁଁ କ'ଣ କହିବି ?

ସହାନୁଭୂତିଶୀଳ
ସେ କୌଣସି କୁମାରୀ ମାତା
ନା
ଏଇ ଦୁନିଆଁରେ ଜନ୍ମିଥିବା
ଜଣେ ଦେବୀ

ଯନ୍ତ୍ରଣାରେ ଛଟପଟ ହୋଇ
ମରୁଥିବା ଲୋକେ
ପ୍ରକୃତରେ ବଞ୍ଚିବାକୁ ଜନ୍ମିଛନ୍ତି

ଏଇ ନିର୍ଦ୍ଦେଶକୁ ଗଳାମାଳି କରି
ସେ ଈଶ୍ୱରୀ ସାଜିଛନ୍ତି
ସେଣ୍ଟ ମଦର ଟେରେସା
କ'ଣ ସର୍ବଶକ୍ତିମାନଙ୍କର ଦୂତ କି ?

ଯେଉଁ ଆଲବେନିଆ ମାଟିର
ସନ୍ତାନ ସେ
ସେ ମାଟିକୁ ମୁଁ ପ୍ରଣାମ କରୁଛି

ତାଙ୍କ ଜନ୍ମରେ
ଏ ଜାତି ଆଶୀର୍ବାଦିତ ହେଲା
ମାତ୍ର ବାର ବର୍ଷ ବୟସରେ
ସେ ବଢ଼େଇଲେ ପାଦ
ଯନ୍ତ୍ରଣାସିକ୍ତଙ୍କର କରିବାକୁ ସେବା

କଲିକତାରେ
ସେ କୁଆଁରୀ ମା' ଭାବରେ ପ୍ରସିଦ୍ଧ
ଦୟା ଓ ସେବା ତାଙ୍କ ଜୀବନର ମୁଖ୍ୟ ଉଦ୍ଦେଶ୍ୟ

ସେ ଅବହେଳିତ-ଦୁର୍ବଳ-ଗରିବଙ୍କ
ମୁହଁର ଖୁସି
ଧୈର୍ଯ୍ୟର ସହ ଲଗାତାର ସେବାରେ
ସେ ଯୀଶୁଙ୍କ ଆରିସି

ସର୍ବଶକ୍ତିମାନଙ୍କର
ସେ ଉଜ୍ଜ୍ୱଳ ସନ୍ତାନ
ଈଶ୍ୱର କାୟମନୋବାକ୍ୟରେ
ମନାସୁଥିଲେ ତାଙ୍କ ଦୀର୍ଘଜୀବନ

ବୟସଠୁ ଅଧିକ ସଂଖ୍ୟାର କୁଞ୍ଚନ
ଧାରଣ କଲାପରେ ବି
ସଂକୁଚିତ ହୋଇନଥିଲା ତାଙ୍କର ପ୍ରୟାସ

ସ୍ୱାର୍ଥପରତାକୁ ତ୍ୟାଗି
ଗରିବ ଲୋକଙ୍କ ଜୀବନରେ
ସେ କରୁଥିଲେ ନିଜ ଖୁସିର ସନ୍ଧାନ

ତାଙ୍କ ହସ
ବିସ୍ତରୁଥିଲା ଫୁଲର ସୁଗନ୍ଧ
ଆସନ୍ତୁ ତାଙ୍କୁ ମନେପକାଇବା
ତାଙ୍କ ମନୋଭାବରେ ଆନନ୍ଦିତ ହେବା

ସେଣ୍ଟ ମଦରଙ୍କ ଲାଗି
ସମଗ୍ର ବିଶ୍ୱ ସମ୍ମାନୀତ
ସେ ଜିଇଥା'ନ୍ତୁ ଅନନ୍ତ କାଳ ଯାଏ
ଆମ ଭାବନାରେ ହେଉଥା'ନ୍ତୁ ଆତଯାତ ॥

ଏଡ୍‌ସ

ପ୍ରେମର ସ୍ୱତନ୍ତ୍ରତା ଅଛି
ସୁନ୍ଦରତା, ମଧୁରତା
କୋମଳପଣ ଅଛି
କିନ୍ତୁ ଲୋଭ
ବିକୃତପଣିଆରେ ଅସନ୍ତୋଷରେ
ବିବେକହୀନତାରେ ଡାକିଆଣେ ହିଂସା ।

ଏଡ୍‌ସ-ହତ୍ୟାକାରୀ ରୋଗ
ଆଧୁନିକ ଦୁନିଆଁକୁ
ଏକ ଚେତାବନୀ
କିଏ ଜାଣେ
କେତେ ବାକି ଅଛି ମାନବିକତା

ଅସ୍ୱଚ୍ଛ ଆଧୁନିକତାର
ଏହା ହିଁ ଅମଳ
ମାନବସଂସ୍କୃତିର ଓଲଟା ଫଳ

ପ୍ରତିରକ୍ଷା ପ୍ରଣାଳୀକୁ
ପରିବର୍ତ୍ତନ କରି
ଏହା ସଂକ୍ରମଣକୁ ଆମନ୍ତ୍ରଣ କରେ
ପ୍ରତିରୋଧକ କି ଉପଶମ ଲାଗି ଔଷଧଟେ

ବାହାରିପାରିନି ଏଯାଏଁ,
ମାନବ ସମାଜ ଲାଗି ଯାହା ଘାତକ ସଙ୍କେତ

ପାପରୁ ଉତ୍ପନ୍ନ ଏ ରୋଗ
ସଂକ୍ରମିତ କରେ ଅଜ୍ଞ-ନିର୍ଦ୍ଦୋଷଙ୍କୁ
ସମଗ୍ର ବିଶ୍ୱରେ ବିସ୍ତରି
ବିପଦ ସଙ୍କେତ ଦିଏ ଯୁବକ ତଥା ବୟସ୍କମାନଙ୍କୁ
ଦେଖ ! ମାନବଜାତି ଧ୍ୱଂସରେ ସୀମାରେ

ବିନାଶର ମୁଖର କ୍ରନ୍ଦନ
ପ୍ରତିଧ୍ୱନିତ ହୁଏ ବିଶ୍ୱ-ବ୍ରହ୍ମାଣ୍ଡରେ

ସମୟ ଆସିଛି
ଏ ସଂକ୍ରମଣଠୁ ସତର୍କ ରହିବାର
ପୀଡ଼ିତଙ୍କ ଭୟକୁ ଦୂରେଇବାର ସମୟ ଆସିଛି
ହଁ,
ମାନବିକତାର ଉଜ୍ଜ୍ୱଳ ଶକ୍ତିରେ
ପ୍ରତିକାରର ସାହସ ଅଛି
ମାନବିକତା ବଞ୍ଚେଇବା ଲାଗି
ଚିକିତ୍ସା ବିଭାଗର ପ୍ରତିବଦ୍ଧତା ଅଛି ॥

ହେ ନବୋଦିତ ମିଲେନିୟମ୍ !

ହେ ନବୋଦିତ ମିଲେନିୟମ !
ସମୁଦ୍ର ଦ୍ୱାରା ଭାଗ-ଭାଗ
ସମସ୍ତ ମହାଦ୍ୱୀପଙ୍କୁ ଯୋଡ଼ିଦେଇ ପାରିବ ?
ସୌହାର୍ଦ୍ଦ୍ୟ ଓ ଶାନ୍ତିରେ
ସଭିଙ୍କୁ ଏକାଠି କରିପାରିବ ?

କେବଳ ଏ ପୃଥିବୀରେ ନୁହେଁ
ବିଶ୍ୱର ଯେ କୌଣସି ସ୍ଥାନର
ପୁରୁଷ-ମହିଳାଙ୍କୁ ଏକତ୍ରିତ କରିପାରିବ ?

ଆସ !
ଏକ ସର୍ବଭାରତୀୟ ପର୍ବରେ
ଆମକୁ ଏକତ୍ର କର
ନୂତନ ଆଶା
ଆକାଶେ ଉଡ଼ାଅ

ଭରସାର ଉଜ୍ଜ୍ୱଳ ଆଲୋକ ତେଜି
ଆମକୁ ବିଶ୍ୱ ଦର୍ଶନରେ
ଅଭିଷିକ୍ତ କର

ନିଜ ମୁହଁରେ
ହରରଙ୍ଗୀ ମୁଖା ଲଗେଇ
ଘୁରିବୁଲନ୍ତି ଲୋକେ
ବିରଳ ପ୍ରାକୃତିକ ହସରେ
ଚିକ୍‌ଚିକ୍
ଖୁବ୍ କମ୍ ଲୋକ

ମୁଖା ଖୋଲି
ବାସ୍ତବତାର ଅଗଣାରେ
ପ୍ରକୃତ ଚେହେରାକୁ ଆବିଷ୍କାର କର

ଦିନରେ ଥରୁଟେ
ଭେଟଭର୍ତ୍ତି ଦାନା ମିଳିବା ମୁସ୍କିଲ
ଜାଣ !
ଦାରିଦ୍ର୍ୟ ବି ନଗ୍ନ କରିପାରେ

ଏଥର
ବାସସ୍ଥାନ ବିହୀନ
ଅସଂଖ୍ୟ ଅସମାପ୍ତ କାହାଣୀକୁ ସମ୍ପୂର୍ଣ୍ଣ କର
ଆନନ୍ଦର ରଙ୍ଗରେ ରଙ୍ଗାଅ

ଏଥର
ସମସ୍ତଙ୍କର କଷ୍ଟକୁ
ମୂଳୋତ୍ପାଟନ କରିବାର ସମୟକୁ ଧରି
ତୁମେ ଆସିପାରିବ କି ?
ନୂତନ ଡେଣା ଦେଇ
ପ୍ରକୃତ ସ୍ୱାଧୀନତାରେ
ଅନୁସନ୍ଧାନକୁ ବିସ୍ତାର କରି ପାରିବ କି ?

ହାଇକୁ

ବୁନ୍ଦାଏ ଜଳ
ବିରାଟ ହ୍ରଦରେ
ସୃଷ୍ଟି କରେ ଅସୀମ ତରଙ୍ଗ

ପାଦଚିହ୍ନ ଉପରେ ପାଦଚିହ୍ନ
ହେଲେ ଅଲଗା-ଅଲଗା
ରାସ୍ତା ଓ ଗନ୍ତବ୍ୟସ୍ଥଳ

ମୁଁ ବାଛିବି ମୋ କବିତାର ଆଖି
ଯଦି ପ୍ରବେଶ ଲାଗି
ତୁମେ ଖୋଲିବ ନାହିଁ ହୃଦୟ
ଅନ୍ଧକାରମୟ ଗଭୀର କାଠକୁ
ଉଜ୍ଜ୍ୱଳ କରିଥାଏ ଫୁଲ

ଭସା-ବାଦଲରେ ତିଆରି ହୁଏ ପ୍ରତିଛବି
ବିଜୁଳି-ଘଡ଼ଘଡ଼ିରେ ଆସେ
କବିତାର ବର୍ଷା

ତିକ୍ତ ଜୀବନକୁ ଗିଳି
ମୋ ସ୍ୱର ବାନ୍ଧେ ଆକାଶକୁ ଆଶା

ଉଜ୍ଜ୍ୱଳ ତାରା
ସରଳତାରେ ଉତ୍କର୍ଷତା ଆଣେ
ବିଶାଳ ତରଙ୍ଗ
ଦୃଢ଼ ପାଦଚିହ୍ନକୁ
ବେଶ୍ ଧୋଇ ଜାଣେ

ବନ୍ଦ ଆଖି ହିଁ
ଅସଂଖ୍ୟ ତାରାଙ୍କର ଘର
ପଦେ ମହୁମିଠା କଥାରେ
ଛିଡ଼ିଯାଏ ତିକ୍ତତାର ପର

ଭିତରୁ ତାଲା ପଡ଼ିଥିବା
ଛଣ-ଛପର ଘର ଭିତରକୁ
ଧସେଇ ଆସେ ଜହ୍ନ
ଛଣର କଣା ବାଟ ଦେଇ

କେଇ ଟନ୍ ସୁନାର
କ୍ଷତିପୂରଣ କରାଯାଇପାରେ
କେବଳ ଗୋଟିଏ ଫୁଲ ଦେଇ

ସୁଖ ସୁବିଧାରେ ଜୁଡୁବୁଡୁ ପକ୍ଷୀ
କ'ଣ ଉଡ଼ିପାରେ ପଞ୍ଜୁରୀ ଛାଡ଼ି

ବର୍ଷ ପରେ ବର୍ଷ
ଆସୁଥାଏ ଦୀପାବଳି
ରାକ୍ଷସମାନେ ଥାନ୍ତି କିନ୍ତୁ
ନିଜ ନିଜ ଜୀବନ ଯାବୁଡ଼ି ॥

ବିଶ୍ୱ ଶାନ୍ତି

ଶ୍ରମିକ ଶ୍ରେଣୀ
ଏଇ ଘୂର୍ଣ୍ଣନଶୀଳ ଜଗତର କକ୍ଷ
ଏଇମାନଙ୍କ ଏକତାରେ
ବିଶ୍ୱର ଚେହେରା ସୁନ୍ଦର ଓ ଦକ୍ଷ

୦୪
ଅପ୍ରତ୍ୟାଶିତ ବିପଦର
ଚରମ ସୀମାରେ
ମାନବିକତା ସ୍ୱର ଉତ୍ତୋଳନ କରେ
ଏକତାର ଗୀତ ଶୁଭେ
କିନ୍ତୁ ବିଳାପରେ - କ୍ରନ୍ଦନରେ
ପ୍ରାର୍ଥନାରେ ମଗାହୁଏ
ଗୁରୁତ୍ୱପୂର୍ଣ୍ଣ ସମୟ ଲାଗି
ଦଲକାଏ ଖୁସିର ଅମ୍ଳଜାନ

ଏକତା ପାଇଁ
ମାନବବାଦ ପାଇଁ
ଶବ୍ଦ ଏକ ସ୍ୱଚ୍ଛ ପ୍ରତିଧ୍ୱନି
ଆଶାସିକ୍ତ ଆଖିର ଅଞ୍ଜନ

ଅସୁର ବିଳାପ କରିବେ
ଯୁଦ୍ଧ ବିକ୍ରେତା ପଳେଇଯିବେ
ଉଜୁଡ଼ିଯିବ ଯୁଦ୍ଧକ୍ଷେତ୍ର

ଫୁଲକୁଣ୍ଡର ସ୍ଥିତି
କେବଳ ଫୁଲ କିମ୍ବା ସୁଗନ୍ଧ ଉପରେ
ନିର୍ଭରଶୀଳ ନୁହେଁ

ମହୁମାଛି ଉଡ଼ିଗଲେ
ମହୁଫେଣା ଛାଡ଼ି
କିପରି ଆବୋରିବ ଆମକୁ
ଫୁଲର ଅମୃତ

ହୃଦୟ ଏକ ଆବଶ୍ୟକତା
କିନ୍ତୁ
ମାନବଶରୀରର ପ୍ରାଣକେନ୍ଦ୍ର ମସ୍ତିଷ୍କ

ବିନା ସାହାଯ୍ୟ-ସହଯୋଗରେ
ମଣିଷ କେମିତି ହୋଇପାରିବ ମଣିଷ ?

କ'ଣ ଆପଣ ସୃଷ୍ଟି କରିପାରିବେ
ଗୋଟିଏ ରଙ୍ଗରେ
ଇନ୍ଦ୍ରଧନୁ ଲାଗି ସାତଟି ରଙ୍ଗ ?

ବିନା ଶବ୍ଦର ମୋତିରେ
କଳ୍ପନାକୁ ଜାବୁଡ଼ି ଧରି
କଣ ତିଆରି ହୋଇପାରିବ
ଏକ ଚମତ୍କାର କବିତା ?

ଅମୃତ ନଦୀରେ
ସାଂଘାତିକ ଜହର ମିଶେଇବାକୁ
କ'ଣ ଆମେ ଅନୁମତି ଦେଇପାରିବା

ଶ୍ରମିକ ଗୋଷ୍ଠୀ ହିଁ
ଆମ ଖୁସିର ପ୍ରଥମ ଭିତ୍ତିଭୂମି

ଆଣ୍ଟାର୍କଟିକାରୁ
ଆର୍କଟିକ୍ ଯାଏ
ସେମାନେ ହିଁ ଏ ପୃଥିବୀର ନାଭି

ଆସନ୍ତୁ !
ସଭିଏଁ ଏକ ମନ - ଏକ ହୃଦୟ ହେବା
ଧ୍ୱସ୍ତ ବିଧ୍ୱସ୍ତ ହେଉଥିବା
ମାନବ ସଭ୍ୟତାର
ରକ୍ଷା କବଚ ହେବା

ଆସନ୍ତୁ
ସର୍ବୋତ୍ତମ ମାନବବାଦର
ମଞ୍ଜି ବୁଣିବା
ସମଗ୍ର ବିଶ୍ୱରେ
ଶାନ୍ତି ଅଙ୍କୁରିତ କରିବା ॥

BLACK EAGLE BOOKS

www.blackeaglebooks.org
info@blackeaglebooks.org

Black Eagle Books, an independent publisher, was founded as a nonprofit organization in April, 2019. It is our mission to connect and engage the Indian diaspora and the world at large with the best of works of world literature published on a collaborative platform, with special emphasis on foregrounding Contemporary Classics and New Writing.

www.ingramcontent.com/pod-product-compliance
Lightning Source LLC
Chambersburg PA
CBHW060615080526
44585CB00013B/832
* 9 7 8 1 6 4 5 6 0 4 9 0 7 *